Guido Knopp

Die großen Fotos des Jahrhunderts

Guido Knopp

Die großen Fotos des Jahrhunderts

Bilder, die Geschichte machten

In Zusammenarbeit mit Jan Arnold, Stefan Brauburger, Christian Deick, Peter Hartl, Jörg Müllner, Karin Rieppel

Dokumentation von Ursula Nellessen und Andrea Toth

C. Bertelsmann

Umwelthinweis:
Dieses Buch und der Schutzumschlag
wurden auf chlorarm gebleichtem Papier gedruckt.
Die Einschrumpffolie (zum Schutz vor
Verschmutzung) ist aus umweltfreundlicher
und recyclingfähiger PE-Folie.

1. Auflage
© C. Bertelsmann Verlag GmbH, München 1994
Umschlaggestaltung: Evelyn Schick
Reproduktionen: RMO-Druck, München
Satz: Uhl+Massopust, Aalen
Druck: Wenschow Franzis-Druck, München
Bindung: Großbuchbinderei Monheim
Printed in Germany
ISBN 3-570-12062-7

Inhalt

Vorwort

Wer kennt sie nicht, die großen Fotos des Jahrhunderts? Den spanischen Soldaten im Moment des Todes, den Händedruck von Ost und West in Torgau, den knienden Kanzler vor dem Ehrenmal in Warschau...

Alle diese Bilder sind Symbole: Kaum veröffentlicht, auf Titelblättern meist, haben sie die Menschen fasziniert, bewegt, gebannt. Es sind magische Momente, eingefangen von begabten Fotografen; Augenblicke unserer Zeit, in denen sich der Zeitgeist eindrucksvoller spiegelt als in steifen Staatsaktionen.

Nur *ein* Foto zeigt nicht Menschen, sondern selbstzerstörerisches Menschenwerk. Doch gerade dieses Bild hat mehr als alle anderen Geschichte gemacht. Der Knopfdruck eines »Fotografen« wurde zum Auslöser der Kubakrise 1962. Ein amerikanischer Pilot namens Richard Heyser nahm aus sechzehn Kilometer Höhe jenes Foto auf, das den endgültigen Beweis erbrachte: Die Sowjets waren dabei, im Hinterhof der USA Atomraketen zu stationieren! Die Krise eskalierte, bis die Welt am Rande des Atomkrieges stand: Gipfelpunkt des Kalten Krieges und zugleich auch seine Wende zur erzwungenen Annäherung der beiden Supermächte.

Die meisten Bilder aber zeigen menschliche Gefühle: Angst, Haß, Trauer, Freude, Liebe, Schmerz.

Bilder, die begeistern? »Oh, was für ein Foto!« rief der Redakteur Bill Smith entzückt, als ihm der Fotograf Alfred Eisenstaedt jenen Schnappschuß vorlegte, den er auf dem Times Square während der rauschenden Feier zum Ende des Zweiten Weltkrieges eingefangen hatte: einen »Siegerkuß«. Der unbekannte küssende Matrose und die vermeintliche Krankenschwester, welch ein Paar! Der Seemann holte sich am verrückten Tag des Sieges über Japan nur sein gutes Recht, so sieht es aus. Nichts zeigt deutlicher die Euphorie des Tages, die Erleichterung, daß endlich Frieden war, und auch das Glücksgefühl als diese fotografische Ikone.

Bilder voller Haß? »Die Ächtung« zählt dazu. Das Sinnbild für den Ausbruch lange unterdrückter Emotionen, die sich nun Bahn brachen: Wut und Haß auf Frauen, die sich während des Krieges mit dem »Erbfeind« eingelassen hatten. Robert Capa hat eine solche Szene in Chartres fotografiert: Eine kahlgeschorene Frau mit ihrem Baby auf dem

Arm wird durch die Straßen der Stadt getrieben, umgeben von feixender Verachtung. Ein Foto, das erschreckt. In diesem Buch steht, wie es dazu gekommen ist.

Bilder voller Trauer? Soweto 1976 ist ein Beispiel: das Foto eines toten schwarzen Jungen in den Armen seines Freundes. Er wurde von der Polizei erschossen, weil er gegen die Apartheid demonstrierte. Das Bild von seinem Tod ist gerade heute zum Symbol des schwarzen Aufbruchs in Südafrika geworden.

Bilder voller Freude? Marilyn Monroe in Südkorea zählt dazu. Immer wenn Al Guastafeste, Pianist im Dienst der Entertainerin, das Bild von ihr und ihm, just über seinem Flügel, anschaut, fühlt er sich wie einst im Februar, als MM, gerade frisch verheiratet, mit ein paar Freiluftkonzerten die Moral der Truppe in Korea stärken wollte. Die Soldaten dort fern der Heimat waren des jahrelangen Krieges müde. Als Marilyn bei klirrender Kälte in einem tief ausgeschnittenen hautengen Cocktailkleid die Bühne betrat, steigerten sich sechzehntausend johlende, pfeifende, trampelnde GIs in ein lustvolles Delirium. Ihrem Pianisten (auf dem Foto rechts) erzählte Marylin, daß dies der glücklichste Moment in ihrem Leben war: »Erstmals spürte ich, daß die Menschen, die mir zusehen, mich akzeptieren und lieben.«

Unsere Fotohelden aufzuspüren, die Geschichte hinter den Geschichten zu ermitteln, war nicht immer leicht. Ein Jahr hat es gedauert, bis wir herausgefunden haben, wo sich der frühere Polizeichef von Südvietnam in Amerika versteckt hält.

Und noch längerer Recherchen bedurfte es, die Identität eines bekannten Unbekannten zu lüften, jenes Mannes, der im August 1968 mit entblößtem Hemd vor dem Sowjetpanzer stand – übrigens in Bratislava, nicht in Prag.

Und dann der namenlose küssende Matrose, nach dem ganz Amerika gefahndet hat. Wir haben nicht nur ihn gefunden, sondern gleich auch seine Partnerin von damals – und die Ehefrau von heute, die schon einst auf dem Times Square eifersüchtig über ihren Verlobten wachte.

Mein Dank gilt Jan Arnold, Stefan Brauburger, Christian Deick, Peter Hartl, Jörg Müllner, Karin Rieppel, Ursula Nellessen und Andrea Toth für ihre Mitarbeit am Buch; Ulrich Lenze für die Ko-Autorenschaft der Fernsehreihe. Vor allem aber danke ich den Fotografen, ohne die es dieses Buch nicht gäbe.

Rassen-
wahn

Rassenwahn

Da stehen sie im Rinnstein, umgeben von strammen, forsch geradeaus blickenden SA-Männern: ein kleiner Mann, korrekt gekleidet mit Anzug und Fliege, dessen Physiognomie dem entspricht, wie man sich damals den sogenannten »Ewigen Juden« gern vorstellte, und eine offensichtlich junge und hübsche »Arierin« im luftigen Sommerkleid, mit einem kecken Hütchen auf dem Blondhaar. Die Schilder, die beiden wie Mühlsteine um den Hals hängen, sind in ihrer Aussage unverhohlen brutal, ja primitiv.

Das Foto wurde zum Symbol des nationalsozialistischen Rassenwahns und ist oft veröffentlicht worden. Bis Mitte der achtziger Jahre ist man allgemein davon ausgegangen, es sei 1935 im Zusammenhang mit den »Nürnberger Gesetzen« entstanden, weil es zu dieser Zeit auch im NS-Kampfblatt *Der Stürmer* zum erstenmal abgedruckt wurde. Doch das »gesunde deutsche Volksempfinden« hatte in diesem Fall die Ahndung der »Rassenschande« vorweggenommen: Das Foto entstand schon im Sommer 1933 in Cuxhaven. Seine Geschichte ist bis auf den heutigen Tag verwoben in ein Geflecht aus Mißtrauen und Verdrängung, Feigheit und schlechtem Gewissen, Bestürzung und Angst.

Ein Zeitungsartikel aus dem NSDAP-Gaublatt vom 28. Juli 1933 beschreibt in aller Deutlichkeit, was damals passiert ist: Der jüdische Geschäftsmann Oskar Dankner und seine angebliche Geliebte Adele Edelmann wurden mit Schildern um den Hals in einem Spießrutenlauf durch die Straßen der Stadt getrieben. »Zu beiden Seiten schritten Marinesturmmänner und voran ein Trompeter, der dafür sorgte, daß die Schande der beiden gehörig ausposaunt wurde. Das Mädel benahm sich bei der Prozession mit einer schamlosen Unverfrorenheit, während der Herr vom Stamme Israel unter der Last seiner Sünden stark gedrückt erschien. Wie ein Eumenidenchor begleitete das Publikum den Zug mit derben Pfuirufen.«

Stimmt es, daß das Publikum gejohlt hat? Die halbe Stadt hat diesen Spießrutenlauf damals gesehen, die ganze Stadt hat darüber gesprochen, das wissen wir aus vielen Interviews mit alten Cuxhavenern. Sechzig Jahre sind eine lange Zeit, und wenn man, wie diejenigen, die es miterlebt haben, inzwischen achtzig Jahre und älter ist, kann einem das Gedächtnis

schon einmal einen Streich spielen. An ein johlendes Publikum kann sich niemand mehr erinnern. Eher erinnert man sich daran, daß Adele Edelmann ein bildhübsches Mädchen war und Oskar Dankner klein und häßlich. Und daß sie Schilder umhatten und was auf den Schildern stand und durch welche Straße man selbst gerade ging, als man – natürlich nur von weitem – den Zug sah. Und daß es Marine-SA war: junge Rabauken, Schlägertypen.

Zum Beispiel Ferdinand Schütz, der Mann, der auf dem Foto unmittelbar neben Adele Edelmann steht. Er gehörte zu einem berüchtigten Rollkommando der SA, das dafür bekannt war, politische und persönliche Gegner zu verschleppen und brutal zu mißhandeln. Einige Mitglieder des Rollkommandos wurden 1946 vor dem Landgericht Stade deswegen angeklagt. Ferdinand Schütz gab damals zu, in zwei Fällen persönlich beteiligt gewesen zu sein: »Ich erhielt in einem Lokal der SA vom damaligen Sturmführer den Auftrag, mit den Betreffenden in die Heide zu fahren und sie dort zu mißhandeln. Wenn ich den Aufträgen nicht nachgekommen wäre, dann hätte man mich selbst ebenso mißhandelt« (Zitat aus den Gerichtsakten). Zum Spießrutenlauf, der nicht Gegenstand des Prozesses war, sagte er 1946: »Dann habe ich einmal den Auftrag bekommen, den Juden Dankner mit einem Mädchen, mit dem er sich angeblich eingelassen hatte, vor dem Volk zu schützen. Der Jude und das Mädchen bekamen ein großes Schild um den Hals gehängt und wurden so durch die Straßen geführt. Daran habe ich mich beteiligt, was ich heute sehr bedaure.«

Von den SA-Männern auf dem Foto lebt heute nur noch einer, der Mann, der neben Ferdinand Schütz ganz links steht. Wir sitzen bei ihm zu Hause in Cuxhaven auf dem Sofa – ohne Kamera – und hören uns seine Version der Geschichte an: Er wußte von gar nichts, kam zufällig dazu, als das Foto gemacht wurde, ja er wußte nicht einmal, daß überhaupt ein Foto gemacht wurde. Er kannte weder Dankner noch Edelmann, habe nie jemandem etwas getan und würde jeden verklagen, der ihn öffentlich damit in Zusammenhang bringe. Mit diesem Mann ist ein wirkliches Gespräch nicht möglich.

Cuxhaven war keine Nazihochburg. Bei den Reichstagswahlen im März 1933 – zu einer Zeit, als Hitler schon zwei Monate Reichskanzler war und viele Deutsche sich in den Parteibüros der NSDAP drängten, um Mitglied zu werden – lag die SPD in Cuxhaven mit ihrem Stimmenanteil noch knapp vor den Nationalsozialisten. Zu dieser Zeit war die *Alte Liebe*, die Zeitung der Sozialdemokraten in Cuxhaven, schon verboten. Der Chefredakteur dieses Blattes, Wilhelm Heidsiek, starb im November 1944 im Konzentrationslager Neuengamme. Auch das ist Teil der Geschichte Cuxhavens, den uns alte Sozialdemokraten erzählt haben. Doch selbst sie, die stolz sind auf ihre sozialdemokratische Tradition, haben Angst davor, öffentlich über das zu sprechen, was sie im Juli 1933

in den Straßen ihrer Heimatstadt miterlebt haben. Wir können diese Angst nicht verstehen und bohren deshalb nach: Wieso war es möglich, zwei Menschen wie Vieh durch die Straßen zu treiben, und die halbe Stadt schaut zu?

»Wir haben ja genug Propaganda gemacht gegen die Nazis«, sagt uns ein zweiundachtzigjähriger Sozialdemokrat, »aber das hat ja nichts genützt.« Er wohnte damals in einer der Straßen, durch die der Spießrutenlauf führte, hörte die Trompete und ging hinunter. War das denn nicht furchtbar? »Ja, sicher war das furchtbar. Aber wir waren ja machtlos, wir konnten nichts dagegen machen.« Natürlich waren wir der Meinung, die Juden sind ja schließlich auch Menschen, und die kann man nicht so behandeln.

Konnten wir etwas anderes erwarten als ein Eingeständnis der Ohnmacht?

»Ich kann mich nicht erinnern«, sagt uns eine Augenzeugin, »daß das jemand bedauert hätte. Wenn die Leute später wenigstens gesagt hätten: ›Da haben wir einen Fehler gemacht!‹ Aber das hat niemand zugegeben.«

Und sie sagt auch: »Ich bin selbst bespuckt worden, weil ich in der Arbeitersportbewegung war, und ich habe Angst, weil es immer wieder Leute gibt, die nur darauf warten, einen herauszupicken. Und dann heißt es wieder: ›Die und die und die.‹«

Adele Edelmann verließ ihre Heimatstadt wenige Tage nach diesem

Scham oder schlechtes Gewissen? Zeitzeugen aus Cuxhaven, die nicht erkannt werden wollen, im Gespräch mit der Reporterin Karin Rieppel.

13

2	3	4	5	6	7	8
Geburtsort	Jahr und Tag	Fami-lien-stand	Reli-gion	Stand oder Beruf	Militärverhältnis	Staatsangehörigkeit
Cuxhaven	*1910 17. Okt.*	*led.*	*ev.*	*Verkäuferin*		*Preußen*

9		10		11
Seit wann im Amte Ritzebüttel	a) Letzter Aufenthalt	am	Wo Legitimationspapiere haben vorgelegen	
23.5.1910				
	b) Ob u. wann früher gemeld. Amte Ritzebüttel			

Der Familienmitglieder

12	13	14	15
Name	Geburts-Ort	Geburts-Jahr und -Tag	Bemerkungen
1. Ehefrau:			
2. Kinder:			

16	17	
Jahr und Tag der Meldung	Wohnung	Be.
23.5.1910 *Cuxhaven,*		
7.7.1933		

Nach langer, schwerer Krankheit ent-
schlief meine liebe Schwester, Nichte,
Tante und Schwägerin

Adele Brüss

geb. Edelmann

geb. 17. 10. 1910   gest. 18. 11. 1967

In stiller Trauer
im Namen aller Angehörigen

Heinrich Borchert und Frau

Cuxhaven, Berlin, den 25. November 1967

Die Trauerfeier hat auf Wunsch der Entschlafenen in
aller Stille stattgefunden.

Spuren aus dem Leben der Verfemten: Links das Einwohnermeldeblatt von Adele Brüss, geb. Edelmann.

Spießrutenlauf. Oskar Dankner setzte sich im Dezember 1933 nach Warschau ab. Wer waren die beiden, was ist aus ihnen geworden?

Die Cuxhavenerin Adele Edelmann war im Juli 1933 knapp dreiundzwanzig Jahre alt und von Beruf Verkäuferin. Noch heute wissen viele, daß sie damals in der »Bretterkaserne« wohnte, einer Armeleutesiedlung in Deichnähe. Einige erzählen uns, sie sei Platzanweiserin in Dankners Kino gewesen, andere meinen, sie habe in seinem Wäschegeschäft verkauft, und wieder andere, sie hätte bei den Dankners im Haushalt geholfen. In einem Punkt waren sich alle einig: Sie war eine sehr hübsche junge Frau, und »alle Männer wollten mit ihr tanzen«.

Oskar Dankner, Jahrgang 1890, war Mitte der zwanziger Jahre nach Cuxhaven gekommen. Er besaß ein Haus und ein Kino in der Deichstraße und hatte eine Zeitlang auch ein Wäschegeschäft. Nach damaligem Sprachgebrauch waren er und seine Frau Helene »Ostjuden«. Wie man uns erzählt hat, fuhr er gern große Autos, hatte »dauernd andere Frauengeschichten und war unbeliebt wegen seiner ganzen Art«.

Vielleicht war er ja, wie man heute sagen würde, ein cleverer Geschäftsmann, und vielleicht war er auch ein bißchen großspurig. Vielleicht hatte er auch sogenannte Weibergeschichten. Für eine ordentliche deutsche Kleinstadt ist ein solcher Typ schon immer eine Zumutung gewesen. Das mobilisiert, wenn sich die Gelegenheit bietet, die Spießer und die Neider. Und von einem kleinen häßlichen »Ostjuden« wollten sich die Deut-

14

schen damals so etwas nicht mehr gefallen lassen. Die kräftigen deutschen Jungs von der Marine-SA, die kein Kino besaßen und deswegen vielleicht nicht mit der blonden Adele tanzen durften, plusterten sich zum Vollstrecker des »gesunden völkischen Empfindens« auf. Sie schlugen mit Tauen auf Oskar Dankner ein, während sie ihn durch die Straßen trieben.

»Ihr müßt mit meinem Freund Willi sprechen«, sagt uns ein Cuxhavener, und er fährt mit uns zur Wohnung des alten Mannes. Als wir Willi das Foto zeigen, bricht er in Tränen aus. Wir können den alten Mann nur mühsam beruhigen. Er hat einen Herzschrittmacher und darf sich eigentlich nicht aufregen. Einen Moment lang fühlen wir uns wie Scharfrichter, doch dann entspannt sich die Situation, und wir trinken erst einmal Tee zusammen. »Es war schrecklich«, sagt er später, »wie im Mittelalter, aber ich habe mir geschworen, nie mehr darüber zu sprechen.« Und dabei bleibt es auch, und wir und andere werden nie erfahren, was der alte Mann über die damaligen Ereignisse weiß. Im Sommer 1993 kommt auf Einladung der Stadt Cuxhaven ein »ehemaliger jüdischer Mitbürger« zu Besuch. Er lebt heute in den USA, seine Eltern, einst wohlangesehene Cuxhavener Bürger, wurden in Theresienstadt ermordet. Als wir von diesem Besuch erfahren, packen wir sofort die Kamera ein. Der Mann ist Jahrgang 1909 und hat 1933 noch in Cuxhaven gelebt – ein Opfer, so denken wir, das frei über die Täter sprechen kann. Doch auch er ist der Meinung, daß man die Vergangenheit ruhenlassen soll, wenn auch vielleicht aus anderen Gründen als seine »ehemaligen deutschen Mitbürger«. Natürlich weiß er, was mit Dankner gemacht wurde, doch es hat ihn damals nicht berührt. Dankner war ein Außenseiter, gehörte nicht zur jüdischen Gemeinde und Gemeinschaft in Cuxhaven. Drastischer ausgedrückt: Den deutschen Juden in Cuxhaven war es damals eher peinlich zu sehen, was mit dem »Ostjuden« passierte. Das sagt er uns ganz offen, aber nicht öffentlich, weil er sich dafür schämt. Für uns ist diese Begegnung eine lehrreiche Erfahrung: Mit welchem Recht verlangen wir von einem Überlebenden des Holocaust, uns als »ewiges Opfer« zur Verfügung zu stehen?

In Cuxhaven kann uns niemand etwas über das weitere Schicksal von Oskar Dankner sagen. Einziger Anhaltspunkt ist die Meldekarte von 1933: »Ehemann nach Warschau, Ehefrau nach Stabe-Teplice in der Tschechoslowakei abgemeldet.« Im Warschauer Melderegister finden wir mehrere Dankners, mit anderen Vornamen und anderen Geburtsdaten. Da viele Unterlagen verbrannt sind, könnte er dennoch in Warschau gewohnt haben. Die Wahrscheinlichkeit, daß er dann später deportiert und vergast wurde, ist groß, und so suchen wir nach Oskar Dankner in den Dokumenten des Massenmords: Deportationslisten, Gedenkbuch der Juden, Internationaler Suchdienst, Todesliste von Auschwitz, Holocaust-Archiv in Jerusalem. Doch wir finden ihn weder als Toten noch als Überlebenden.

Und dann treffen wir in Cuxhaven einen alten Mann, der Stein und Bein schwört, Dankner sei nach dem Krieg, 1946 oder 1947, noch einmal in Cuxhaven gewesen. »Ich hab' ihn gleich gefragt, ob er noch Ansprüche zu stellen hätte, mit dem Kino und dem Haus. Nein, sagte er, das wäre alles erledigt.« Und weiter? »Nichts weiter, wir haben noch ein paar Worte gewechselt, das war alles.« Und wieso ist er so sicher, daß dieser Mann Dankner war? »Der hat sich vorgestellt und auch den Namen gesagt.«

Wir wollen jeder Spur nachgehen, und sei sie noch so vage. Vielleicht hatte Dankner genug Geld und ist 1933 nach Übersee gegangen? Mit einem Schiff von Cuxhaven, Bremerhaven oder Hamburg? Historic Emigration Office und Passagierlisten sind die nächsten Suchstationen. Die Passagierlisten der Hamburger Schiffe liegen im Staatsarchiv in Hamburg. In diesen Listen können wir Dankner nicht finden, doch dann haben wir Glück: Der Leiter des Staatsarchivs, dem die Opfer des Nationalsozialismus besonders am Herzen liegen, gräbt für uns eine Akte aus. Bestandsname: Oberfinanzpräsident Hamburg, Akte Oskar Dankner:

»Zollfahndungszweigstelle Beuthen, Oberschlesien, den 13. Januar 1938. Betreff: Devisenermittlungsverfahren gegen Oskar Dankner, Kattowitz/Polen.

Ich habe heute Strafantrag gegen Dankner wegen Ausfuhrschmuggel von 10 000 Reichsmark gestellt. Ich ersuche deshalb, sein Sonderkonto in Hamburg zu sperren und irgendwelche Verfügungen des Dankner über sein Grundstück und sein Kino in Cuxhaven nicht zu genehmigen.«

Am 22. Februar 1938 wurde Dankner vom Landgericht Beuthen zu einem Jahr Gefängnis und einer Geldstrafe von 9000 Reichsmark verurteilt. Beuthen gehörte zu dieser Zeit zum Deutschen Reich und lag unmittelbar an der damaligen Grenze zu Polen.

Dankner hatte seinen Besitz in Cuxhaven 1933 verpachtet. Die Pachteinnahmen gingen auf ein Sperrkonto in Hamburg, offensichtlich durfte der polnische Jude Dankner darüber nicht verfügen. Doch allein durch das Studium der Devisenbewirtschaftungsgesetze der Nationalsozialisten können wir den Hintergrund von Dankners angeblicher Straftat nicht ausreichend klären. Wir wollen eine Einschätzung von Experten und wenden uns an das Zentrum für Antisemitismusforschung an der Technischen Universität Berlin. Einige Zitate aus der umfangreichen Antwort.

»[...] 1933 wurde der Kapitaltransfer ins Ausland fast völlig unterbunden. Für Juden wurden Ausnahmeregelungen erlassen, um deren Auswanderung zu beschleunigen. Diese Transfermöglichkeiten wurden ab 1935 wieder eingeschränkt. Der Umtausch von Sperrkontenmark gegen Devisen war mit erheblichen Kursverlusten verbunden; bis 1935 zahlte die Reichsbank fünfzig Prozent des offiziellen Markkurses, danach dreißig Prozent und nach Kriegsbeginn noch vier Prozent. Reichsflucht-

steuer und die Manipulation der Wechselkurse waren Instrumente zur Ausplünderung der jüdischen Flüchtlinge. [...] War er devisenrechtlich gesehen 1937 Ausländer, so konnte er seine inländischen Einnahmen wegen der Devisenbewirtschaftung nicht frei transferieren, sondern er mußte ein Sperrkonto unterhalten. [...] Über die Sperrkonten konnte nur nach umständlichen Antragstellungen für bestimmte Zwecke im Inland verfügt werden (z. B. wenn noch Steuerschulden zu begleichen waren). In einigen Fällen wurden diese Sperrkonten freigegeben, und der Besitzer konnte das Guthaben zu einem geringen Wechselkurs verkaufen. Sicherlich gab es weitere Versuche und Möglichkeiten, an dieses Geld heranzukommen und es unter Umgehung der Devisenbestimmungen ins Ausland zu schmuggeln. Doch die Bürokratien taten ihr Bestes, derartige Versuche zu vereiteln und zu bestrafen. [...] Was damals möglicherweise als ein Devisenvergehen verfolgt worden ist, muß heute in der historischen Rückschau als die legitime Notwehr entrechteter und der Ausplünderung durch den Staat preisgegebener Menschen betrachtet werden.«

Zurück zur Akte im Hamburger Staatsarchiv:

Am 30. November 1938 wurde der Pächter in Cuxhaven als neuer Eigentümer ins Grundbuch eingetragen. Er hatte dafür, laut Akten, eine Anzahlung von 14 500 Mark auf ein Sperrkonto geleistet. Nach den Berechnungen von Dankners jüdischen Anwälten in Hamburg hätte der Kaufpreis bei 72 000 Reichsmark liegen müssen.

Eine Augenzeugin des »Spießrutenlaufs«, Grete Möller aus Cuxhaven.

Der galizische Jude D a n k n e r , stadtbe=
kannt wegen seines ‚geraden' Lebenswandels, war
der Steuerhinterziehung und des Vergehens ge=
gen die Kraftfahrzeugordnung angeklagt. Er
hatte eine seiner üblichen Auto=Vergnügungsreisen
unternommen, allerdings zu seinem Pech in einem
seit langer Zeit unversteuerten Wagen. Diesmal
hatte man Herrn Dankner aus Galizien ge=
schnappt. Das Urteil lautete auf zwei (2) Mo=
nate Gefängnis und eine Geldstrafe von 50
Reichsmark.

Rechts:
Laut Meldekarte
siedelte Oskar
Dankner Ende
1933 nach War-
schau um.
Oben: Die NS-
Behörden hatten
Dankner im
Visier, die Mel-
dung aus dem
»Gaublatt«
spricht für sich.

Am 9. Dezember 1938 schrieb Dankners Frau Helene aus Kattowitz an
die Devisenbewirtschaftungsstelle Weser-Ems: »Wie aus dem hier mit-
folgenden amtlichen Originaltelegramm hervorgeht, ist mein Mann, der
Kaufmann Oskar Dankner, am Siebten des Monats, einen Tag vor dem
Eintreffen der Nachricht seiner Begnadigung, in Glatz verstorben.« Im
gleichen Brief bittet sie um die Freigabe von 1500 Reichsmark, damit sie
ihren verstorbenen Mann überführen und beerdigen kann. Ob sie das
Geld bekommen hat, geht aus den Akten nicht hervor. Der Beamte, der
den Vorgang bearbeitete, hat in Helene Dankners Brief den Namen des
Hamburger Rechtsanwalts unterstrichen und am Rand handschriftlich
vermerkt: »Sitzt z. Zt. wegen Rassenschande.«

Der Gefängnisverwaltung von Glatz zufolge – auch das geht aus den
Akten hervor – starb Oskar Dankner an einem schweren Lungenleiden.
Er war zu diesem Zeitpunkt achtundvierzig Jahre alt.

Das Haus und sogar das Kino gibt es heute noch. Die jetzigen
Eigentümer wollen, wie sie uns am Telefon sagen, auf Anraten ihres
Anwalts nicht mit uns sprechen.

Bei der Aufklärung des Schicksals von Adele Edelmann, geboren 1910,
finden wir in Cuxhaven viel Unterstützung, weniger bei der Generation
der Zeit- und Augenzeugen, vielmehr bei engagierten Cuxhavenern der
Nachkriegsgeneration. Adele Edelmann war 1967 schwerkrank in ihre

Heimatstadt zurückgekehrt und kurze Zeit später gestorben. Sie lebte ab

1936 in Berlin, hatte geheiratet und besaß dort mit ihrem Mann Alfred Brüss ein Schuhgeschäft in der Reinickendorfer Straße. Es war wohl ein Leben in bescheidenem Wohlstand, wenn auch nicht gerade auf der Sonnenseite.

Die in Cuxhaven lebende Nichte von Adele Edelmann erzählt uns, daß Alfred Brüss nach sieben Jahren russischer Kriegsgefangenschaft als »gebrochener Mann« zurückkam, daß die Ehe unglücklich war und geschieden wurde. Das Schuhgeschäft existiert heute nicht mehr, doch wir haben in Berlin eine ehemalige Verkäuferin ausfindig gemacht, die in den fünfziger Jahren bei Adele Brüss Lehrmädchen war. Sie wußte nicht, was ihre frühere Chefin in Cuxhaven erleben mußte, meint aber im nachhinein, vielleicht sei das ja doch der Grund gewesen, weshalb sie manchmal ein bißchen zuviel getrunken habe. Für die Mädchen und jungen Frauen, die in ihrem Schuhgeschäft arbeiteten, sei sie eine gute, fast schon mütterliche Chefin gewesen: »Wenn wir tanzen gehen wollten und nichts Vernünftiges zum Anziehen hatten, dann hat sie uns Kleider und Schuhe geliehen und sich gefreut, wenn wir hübsch aussahen.« Und auch die Nichte, die ihre Tante früher fast jeden Sommer in Berlin besucht hat, erzählt von ihr als großzügiger und hilfsbereiter Frau. Man sprach und spricht in der Familie bis heute nicht über das schreckliche Ereignis von damals, doch soviel wird klar: Adele Edelmann hat ihr Leben lang darunter gelitten.

Wir wollen auf dem Friedhof in Cuxhaven-Ritzebüttel ihr Grab besuchen, doch es existiert nicht mehr. Die sogenannte Ruhefrist ist 1992, nach fünfundzwanzig Jahren, abgelaufen.

Wir treffen schließlich doch noch eine Augenzeugin, die das Schweigen durchbricht, Grete Möller. 1933 war sie dreizehn Jahre alt. Mit einer Schulfreundin und einer norwegischen Austauschschülerin wurde sie Zeugin des Spießrutenlaufs. An die Reaktion des Mädchens aus Norwegen erinnert sie sich noch, als wäre es erst gestern gewesen: »Die Norwegerin war sehr erschrocken und empört und fragte: ›Was bedeutet das?‹ Und ich sagte nur zu ihr: ›Ja wieso, das ist doch ein Jude.‹ Und sie daraufhin: ›Ja, das ist doch ein Mensch!‹ Und ich zu ihr: ›Kennst du denn Juden? Gibt es in Oslo Juden?‹ Sie meinte: ›Das weiß ich nicht, das glaube ich nicht.‹ Und ich darauf: ›Dann kannst du das ja gar nicht beurteilen.‹«

Sie erinnert sich so genau daran, weil sie sich später als junge Erwachsene, als sie von der Ausrottung der Juden erfuhr, dafür schämte. Und sie sagt uns auch: »Es ist schwer, mit Menschen meiner Generation darüber zu sprechen; wir glaubten damals, Ideale zu haben. Für Führer, Volk und Vaterland hätte ich sicher sehr viel getan.« Sie will erklären, aber nichts entschuldigen: »Die Menschen damals, die bewußt eben in diese Diktatur mit hineingegangen sind und sich nicht dagegen gewehrt haben, ich meine, daß die schuldig sind. Und dieses Gespräch soll für mich dazu beitragen, das nicht zu vergessen.«

Der
Augenblick
des Todes

Der Augenblick des Todes

Sein Zuhause waren die Kriege. Als Erbe hinterließ er ein paar Anzüge, seine Kameras und seine Fotos, sonst nichts. Wenn er nicht gerade fotografierte, verbrachte er die letzten zwanzig Jahre seines Lebens meistens in Hotels, an Bars und Spieltischen. Er war befreundet mit berühmten Schriftstellern wie John Steinbeck, und schöne Frauen liebten ihn. Ingrid Bergmann holte ihn für ein paar wilde Monate nach Hollywood. Er aber liebte lebenslang nur eine Frau: Gerda Taro, Kriegsfotografin wie er. Er hieß eigentlich Andrei Friedmann, war Ungar und Jude. Er schlug sich in Berlin, dann in Paris als Fotograf und Laborant durch. Mit zweiundzwanzig Jahren legte er sich seinen »nom de guerre« zu: Robert Capa. Im Spanischen Bürgerkrieg wurde sein Lebensglück zerstört und sein Weltruhm begründet. Er verlor Gerda Taro, die beim Fotografieren von einem Panzer zerquetscht wurde. Darüber kam er nie hinweg. Im gleichen Krieg schoß er ein Foto, das ihn berühmt gemacht hat: einen Mann im Augenblick des Todes.

Wie ein Falter schwebt der Mann über die ausgebrannten Höhen der Sierra. Der Augenblick des Todes: das Gesicht zur Maske erstarrt, die Arme weit von sich gestreckt, mitten im Lauf von einer Kugel getroffen. Es war die erregendste, dramatischste Momentaufnahme dieses Krieges, Fanal des Widerstandes gegen Francos Faschisten, Anklage gegen den Irrsinn des Krieges. Wer wollte die Botschaft des Bildes, den Mut des Fotografen bezweifeln?

Doch Zweifel an der Echtheit kamen rasch auf. Kritische, mitunter neidische Kollegen unterstellten Capa, dieses Foto nachgestellt zu haben. Regelrecht »Kriegsspiele für Reporter« seien damals inszeniert worden. Dabei sei diese Aufnahme entstanden. Die Zweifel sind nicht gänzlich unbegründet. Das Bild vom sterbenden Soldaten zählt zu einer Fotoreihe Capas, die den Mann inmitten einer Gruppe von Soldaten zeigt. Ein weiteres Bild zeigt einen dieser anderen Soldaten ebenfalls als Toten. Wie kann Capa mit dem »unbekannten Helden« überhaupt allein gewesen sein? Wie kommt es, daß kurz hintereinander zwei Männer sterben, ohne daß der eine auf dem Bild des anderen zu sehen ist?

Capas Biograph Richard Wheelan schreibt dazu: »Unbedingt wissen zu wollen, ob das Foto wirklich einen Mann in dem Moment zeigt, in

dem er von einer Kugel getroffen wird, ist ebenso morbid wie belanglos, denn die Größe des Bildes beruht auf seiner symbolischen Bedeutung.«

So unbestreitbar diese Meinung ist, so wenig taugt sie als Freibrief für den fotografischen Umgang mit der Wirklichkeit. Doch es hätte Capas Arbeitsweise völlig widersprochen, hätte er das Foto sorgsam nachgestellt. Er war nie ein bewußter Fotokünstler, aber stets ein flinker Handwerker, dem es gelegentlich gelang, den magischen, besonderen Moment mit seiner Linse einzufangen.

Stets hat Capa den Verdacht, das Bild sei nachgestellt, mit Vehemenz bestritten. Ein Journalist des New Yorker *World Telegram* faßte ein Jahr später, im September 1937, ein Gespräch mit Capa so zusammen:

»Sie waren an der Córdoba-Front, beide versprengt: Capa mit seiner kostbaren Kamera und der Soldat mit seinem Gewehr. Der Soldat war ungeduldig. Er wollte zurück zu den republikanischen Linien. Immer wieder kletterte er hinauf und spähte über die Sandsäcke. Jedesmal ließ er sich beim warnenden Geratter des Maschinengewehrfeuers wieder zurückfallen. Endlich murmelte der Soldat etwas, das wie ›Ich riskier's einfach‹ klang. Er kletterte aus dem Graben, Capa hinter ihm her. Die Maschinengewehre ratterten, und Capa drückte automatisch auf den Auslöser, während er rücklings neben die Leiche des Kameraden fiel. Zwei Stunden später, als es dunkel war und die Gewehre schwiegen, kroch der Fotograf über den zerklüfteten Boden in Sicherheit. Später entdeckte er, daß er eines der dramatischsten Fotos des Spanischen Bürgerkriegs geschossen hatte.«

Capas Abschlußsatz in diesem Interview klingt fast beschwörend: »In Spanien braucht man keine Tricks, um Bilder aufzunehmen. Man braucht seine Kamera nicht zu stellen. Die Bilder sind da. Man nimmt sie einfach auf. Die Wahrheit ist das beste Bild, die beste Propaganda.«

Dieser wohl berühmteste aller Kriegsfotografen haßte am Ende sein Handwerk, die Fotografie; Kriege widerten ihn an. Er wollte seine Kamera schon an den Nagel hängen. Doch dann war die Sucht nach Abenteuern stärker. Er nahm er noch einmal einen Auftrag an, ging 1954 in den letzten schmutzigen Krieg der Franzosen, nach Indochina. Dort starb der Fotograf ähnlich wie sein »unbekannter Soldat« mitten auf dem Schlachtfeld. Im Tod hielt seine Hand noch immer die Kamera umklammert.

Wir wissen also, wer der Fotograf des unbekannten spanischen Soldaten war. Doch wo und wann ist dieses Foto aufgenommen worden? Und vor allem: Wer war jener unbekannte Mann?

Die Sonne steht senkrecht über der Sierra von Córdoba. Die Fensterläden der Häuser sind geschlossen. Kein Mensch ist in der stehenden, flimmernden Luft auf der Straße. Es ist totenstill, wie an jenem Sonntag, dem 6. September 1936, als die Schlacht von Cerro Muriano geschlagen war

UHP
JURAD SOBRE ESTAS LETRASHERMAN
ANTES MORIR QUE CONSENTIR TIRANO

und die Republikaner verloren hatten. Die Bevölkerung dieses Ortes war zum größten Teil nach Norden geflohen. In diesem Ort, an diesem Tag hatte Robert Capa den Milizsoldaten fotografiert – im Augenblick des Todes.

Córdoba war längst in den Händen faschistischer Truppen. Die Stadt war nie republikanisch. Das revolutionäre Gedankengut hatte in der Gesellschaft der Señoritos, der feinen Herren, nicht Fuß gefaßt. Córdoba: die Stadt im Herzen Andalusiens, Zeugin der siebenhundertjährigen Besetzung der Iberischen Halbinsel durch die Araber. Nun kamen die »Moros«, die Marokkaner, zurück, diesmal im Troß von Franco.

Cerro Muriano liegt auf Paßhöhe in zwanzig Kilometer Entfernung in den Bergen über Córdoba. Um das Bollwerk auf dem Feldzug der Faschisten gegen Norden aus dem Weg zu räumen, zogen am 5. September 1936 die Truppen General Varelas von drei Seiten in die Sierra, unter ihnen auch die marokkanische Legion aus Melilla. Der erste Versuch, das Hindernis zu überwinden, war am 20. August gescheitert. Um so ungestümer brachen nun im Morgengrauen Legionäre und Araber über das Dorf herein.

Wir besuchen den Ort fast sechzig Jahre nach dieser Schlacht. Mit der Abendsonne kehrt langsam das Leben in die Straßen zurück. Die Temperaturen sinken von über vierzig Grad auf ein erträgliches Maß. Die ersten Einwohner gehen ihren Geschäften nach. Menschen flanieren auf der Plaza. Eingehakt am Arm seiner Enkelin, genießt Señor Palop die

»Lieber sterben, als sich der Tyrannei beugen.« Soldaten der Republikaner auf dem Weg an die Front.

Angriff republi-
kanischer Sol-
daten bei Cerro
Muriano. Noch
lebt der »unbe-
kannte Held«
(2. v. rechts).

leichte Brise des Sommerabends. Er war in den Hochjahren der Franco-
Diktatur Bürgermeister von Cerro Muriano. Palop ist sich sicher, daß die
Gemeinde keine Dokumente über die Kriegsjahre aufbewahrt hat, kein
Zeitzeugnis über die kurzen Jahre der Republik. Die Namen der im
Bürgerkrieg gefallenen Soldaten, der ermordeten Bürger stehen nur im
Gedächtnis ihrer Angehörigen. Auch Carmen, Palops Frau, erlebte die
Kriegstage »im Muriano«, wie die Einheimischen sagen:

»Es war ein einziges Chaos. Alle flohen, daran erinnere ich mich. Aber
Kämpfe gab es kaum, die Soldaten rannten alle davon. Alle versuchten
schnell von hier wegzukommen. Die Frauen, die Alten und auch die
Republikaner und die Milizsoldaten. Eine Frau rannte in das Tal hinunter
mit ihrer Nähmaschine unter dem Arm und zwei Kindern an der Hand.
So ein Blödsinn, diese Nähmaschine, das werde ich nie vergessen.«

Die wenigen noch lebenden Zeitzeugen in Cerro Muriano haben die
Ereignisse des 6. September 1936 sehr unterschiedlich in Erinnerung
behalten, vielleicht auch ganz verschieden erlebt. Die Erinnerung
schreibt die Geschichte, und die Erfahrungen der folgenden sechsund-
dreißig Jahre der Franco-Diktatur prägten die Erinnerung und die
Wertung des Erlebten. Es war nicht opportun in einer Militärdiktatur,
sich an alles zu erinnern. Die Fronten zwischen Nationalisten und
Republikanern gingen zum Teil durch die Familien, quer durch die
Dörfer. Der Fanatismus des Spanischen Bürgerkrieges rechtfertigte

26

Mord und Plünderung beim Nachbarn. Barbarische Greueltaten waren die Folge. Es war ein Bürgerkrieg, der mitunter zum persönlichen Racheakt geriet.

»Kennen Sie dieses Bild, das in Ihrem Dorf gemacht wurde?«

»Nein, ich habe es nie gesehen.«

In Señor Molinas Antwort schwingt ein verbitterter Unterton mit, so als wolle er die Capa-Aufnahme bewußt verdrängen. Doch alte Erinnerungen brechen hervor; nervös erzählt er: »Ich war auf der nationalistischen Seite. Wir kamen von Córdoba herauf, um die Berge, von denen ständig ein Überfall der Roten auf Córdoba drohte, freizukämpfen. Das war ein kurzes Spiel. In diesem schlecht organisierten Haufen von Milizsoldaten und Republikanern gab es nur Feiglinge, die flüchteten. Es gab kaum Verletzte und Tote.«

»Wie sah das nach dem Krieg zwischen Siegern und Besiegten hier im Dorf aus?«

»Nach dem Bürgerkrieg, nein, nach dem Weltkrieg hatten wir alle eines gemeinsam: den Hunger und die Not, gerade hier auf dem Lande. Wir wollten alle schnell den Krieg vergessen, in der Hoffnung, einen Ausweg nach vorne zu finden. Uns ging es allen gleich.«

Seine Stimme wird ärgerlich:

»Aber der Toti, dieser alte Kommunist, der kassiert jetzt plötzlich eine Kriegsrente. Seit die Sozialisten in Madrid am Ruder sind, interessiert man sich nur noch für die republikanischen Veteranen.«

Seine Tochter mischt sich ins Gespräch ein: Ob es nicht gerecht sei, daß in der Demokratie nun endlich auch die Verlierer des Bürgerkrieges entschädigt werden, diese andere Hälfte Spaniens, die in der Franco-Diktatur Verlierer blieb? Doch ihr Vater hat genügend bittere Erfahrungen gemacht, um das Bild des republikanischen Helden, das seit über einem halben Jahrhundert weltberühmt ist, gar nicht erst zur Kenntnis nehmen zu wollen. Für ihn, der am Ort des Geschehens wohnt, waren die Gegner Feiglinge und keine Helden. Auch wenn er vorgibt, das Bild nie gesehen zu haben, steht für ihn fest, daß es gefälscht ist.

Am gleichen Tag, als der Unbekannte fiel, wurde an der Kirche von Cerro Muriano »Penales« erschossen. Er war der Ortsvorsitzende der CNT, der anarchistischen Arbeiterkommission in Cerro Muriano. Die Eroberer machten noch am Tag der Einnahme kurzen Prozeß mit ihm. Seine Frau Encarnación ist heute Anfang Neunzig. Nachdem sie in den Wirren des 6. September von der Erschießung ihres Mannes erfahren hatte, floh die schwangere Frau mit ihrer damals dreijährigen Tochter Carmen wie die anderen Dorfbewohner auch. Als die Tochter Carmen das Bild des Unbekannten sieht, fragt sie spontan, ob dieser Mann ihr Vater sei.

»Schade, es gibt kein einziges Foto von ihm, kein einziges Dokument über sein Dasein. Ich kenne meinen Vater nur aus Erzählungen. Jeder hier im Dorf weiß von der Erschießung, mehr aber nicht.«

Ihr Onkel könnte mehr wissen über die Gefallenen und Ermordeten des Dorfes. Er war dabei, als Francos Truppen Cerro Muriano einnahmen. Auch er floh mit der Familie nach Norden und kämpfte später in Madrid auf republikanischer Seite. Der achtzigjährige Antonio möchte sich aber nicht mit der Vergangenheit auseinandersetzen. Als wir mit Carmen sein bescheidenes Haus betreten, verschwindet er gerade durch die Hintertür und ist für den Rest des Tages nicht mehr aufzufinden. »Seinen Bruder hat man erschossen. Er war republikanischer Soldat, er war Kriegsgefangener. Er hat gelernt, fast vierzig Jahre lang in der Diktatur den Mund zu halten. Er hatte es schwer im Dorf, er hat Angst«, kommentiert Carmen.

Cerro Muriano ist durch die Nationalstraße zweigeteilt: Auf der einen Seite haben die Reichen ihre Ferienvillen in die Pinienhaine hineingebaut. Auf der anderen Seite liegt das alte Dorf. Einfache Häuschen mit einem kleinen Patio davor säumen die Gassen. Jeder Fremde fällt hier sofort auf, um so mehr, wenn er Fragen zum Spanischen Bürgerkrieg stellt. Ein staubiger Feldweg führt am Rande des Dorfes in eine Senke hinein; hier war eine kleine Mine, in der vor dem Krieg mit einfachen Mitteln Eisenerz abgebaut wurde. Dort war auch das alte Quartier der Guardia Civil, das in den Jahren der Republik zum Sitz der Dorfmilizen wurde. Die Tür ist aus den Angeln gehoben. Eine Ziege grast am Eingang, im Haus ist Stroh ausgebreitet. An der Wand hängt das Geschirr für einen Esel. Ein Mann, sein Gesicht ist von der Sonne gegerbt, flickt den Lederriemen eines Packgeschirrs. Eine Szene wie aus einem Film von Buñuel. Robert Capa muß im September 1936 hiergewesen sein.

Hinter dem zerfallenen Haus der Guardia Civil geht es einen kargen Hügel hinauf. Das Gelände ist heute eingezäunt und gehört zur nahe gelegenen Kaserne, in der Rekruten ihren letzten Schliff erhalten sollen. »Stopp, Militärgebiet!« Das rostige Schild auf schiefem Pfosten flößt zu wenig Respekt ein, um das Gebiet nicht zu betreten.

Im Widerspruch zum Wirt des Restaurants an der Nationalstraße hatten andere Leute aus dem Dorf erzählt, daß in dieser Ecke von Cerro Muriano an jenem Sonntag wild geschossen worden sei. In wenigen Minuten sind wir auf der Kuppe des Hügels angelangt: die einzige Erhebung weit und breit in der Umgebung von Cerro Muriano, ohne Baumbestand, die einzige Stelle mit einem weiten Ausblick. Das Panorama im Hintergrund stimmt mit dem des Capa-Bildes überein, auch der weiße Fleck in der Ferne ist da. In dieser Landschaft der Olivenhaine und der Weideflächen hat sich in den zurückliegenden Jahrhunderten wenig verändert. Diese Hügelkuppe von Cerro Muriano ist die einzige Stelle, die als Ort der Handlung in Frage kommt. Hier muß es gewesen sein. Gegenüber der Senke, in einigen hundert Metern Entfernung, hatten die Faschisten ihre Artilleriestellungen. Von dort aus wurden die Verteidiger unter Feuer genommen.

Zu Beginn des Bürgerkrieges waren die Truppen der Republik noch schlecht organisiert. Es gibt keine Aufzeichnungen darüber, welche und wie viele Soldaten in den Schlachten starben. Nur die Kampfgenossen wußten, wer am nächsten Tag in den Reihen fehlte.

Der kleine Friedhof am Rande des Dorfes von Villharta ist von Zypressen gesäumt. Einige der Grabnischen sind neu. Frische Blumen schmücken die Grabsteine. Im Zentrum des Friedhofs ist die Erde rissig. Namenlose Eisenkreuze markieren die verstreuten Grabstätten. In ein Denkmal sind die Namen der faschistischen »Befreier« eingraviert. Das Monument wurde nach dem Krieg errichtet. Davor war hier ein einfaches Massengrab, in dem die Toten beider Parteien verscharrt wurden. Die Sommerhitze gebot Eile. Es ist so gut wie sicher, daß Capas namenloser Held und der Anarchist »Penales« hier ihre letzte Ruhestätte fanden, begraben zusammen mit den gefallenen Kameraden ihrer Mörder.

Der Bürgermeister von Villharta möchte von der Rumschnüffelei in der Geschichte des Spanischen Bürgerkrieges nichts wissen. Nicht in seinem Dorf. Er bittet darum, die Erinnerungen nicht wieder aufzuwühlen: »Die alten Männer und Frauen haben es verdient, in Ruhe gelassen zu werden«, sagt er. Vielleicht ist es gar nicht nötig, in diesem Dorf Fragen zu stellen: Die Friedhofsmauern sprechen Bände über Kampf, Zerstörung, Mord.

»Bitte die Nummer der Kommunistischen Partei Córdobas.« Noch

Überlebensgroß aus Eisen geschweißt: Das Standbild des israelischen Künstlers Igael Turmakin bleibt umstritten.

bevor der Satz zu Ende gesprochen ist, rattert die Telefonistin des Hotels die Telefonnummer auswendig in den Hörer. Wie es der Zufall will, ist die Telefonistin Parteimitglied. Während der Diktatur operierte die PCE im Untergrund und wurde von Moskau unterstützt. Führerin und prominentestes Mitglied war »La Pasionaria«, Dolores Ibárruri, die bis 1976 in der Sowjetunion lebte. Die Partei wurde zum Sammelbecken der versprengten Anarchisten und Republikaner. Das Gespräch mit Carmen wenig später an der Rezeption führt zu weiteren Kontakten auf der Suche, Capas »unbekannten Helden« einen Namen zu geben.

Die Straße windet sich wie ein Korkenzieher aus dem Tal heraus. Ein Campesino reitet auf seinem Esel in die Abendsonne hinein. Die liebliche Landschaft steht im Kontrast zu unserer Spurensuche. Das Land wird flacher. In der Ferne hebt sich ein Schatten ab. Plötzlich sind die Konturen eines Denkmals klar zu erkennen. Der »Unbekannte Held«: über vier Meter hoch und aus Eisen geschweißt. Mitten im Nichts, an der Gabelung zweier Landstraßen, fünf Kilometer von der Provinzstadt Pozoblanco entfernt.

Die Skulptur wurde vom jüdischen Künstler Igael Turmakin geschaffen, die Kosten trug die israelische Botschaft: ein Zeichen spanisch-israelischer Verbundenheit. Verwandte des Künstlers hatten in den sogenannten Internationalen Brigaden gekämpft. Am Anfang wollte niemand die Statue haben. Córdoba lehnte dankend ab. Auch die rechte »Volksallianz« von Pozoblanco wies das stählerne Monument zurück: »Unsere Stadt blickt in die Zukunft und nicht in die Vergangenheit, die steht in den Geschichtsbüchern. Die Sozialisten zögerten schließlich auch nicht, die Straßenschilder mit großen Namen aus der Zeit der Diktatur zu beseitigen. So ein Denkmal reißt nur alte Wunden auf«, sagt ein konservativer Stadtrat. In Pozoblanco gibt es offenkundig noch viele offene Wunden. Das Denkmal wurde der Stadt schließlich vom Kulturministerium in Madrid verordnet. Es hat weit draußen vor den Toren der Stadt einen Platz bekommen. Das Monument der gefallenen Franco-Kämpfer steht unübersehbar mitten im Zentrum.

Der »Zirkel der Freundschaft« in Córdoba ist in einer mondänen Stadtvilla untergebracht. Diese Kasinos sind eine traditionelle Einrichtung in den Städten Spaniens – ein Überbleibsel der vornehmen Gesellschaft. Heute sind sie Treffpunkt für die »Tertulias«, das sind Gesprächskreise über Geschichte, Kunst oder Philosophie. Vielleicht ist dies der richtige Ort, um Einheimische zu finden, die sich mit unserem Foto beschäftigt haben.

In einem Hinterzimmer finden wir den Direktor des Zirkels. Ein Metallschreibtisch, eine alte Schreibmaschine und der Deckenventilator geben dem Büro den typischen Charakter einer verschlafenen Amtsstube im Süden Europas. Don Francisco Garcia Fonseca ist ein pensionierter Arzt. Die Begrüßung ist trocken. »Wir reden hier über alles, nur nicht über Politik«, warnt er uns vor. Der dünne weiße Oberlippenbart bleibt beim Sprechen unbeweglich. Unser Foto würdigt Don Francisco nur mit einem flüchtigen Blick. Zwei weitere ältere Herren gesellen sich dazu. Alle drei waren gestandene Nationalisten der ersten Stunde.

»Schauen Sie doch, das ist nicht einmal eine Uniform. Die Roten, das waren Dahergelaufene aus ganz Spanien. Zum Glück haben die den Krieg nicht gewonnen. Trotzdem«, bemühen sie sich klarzustellen, »dieses Kasino ist unpolitisch, hier kann jeder hinkommen.«

»Kennen Sie jemanden hier in Córdoba, der uns über die Geschichte des Bildes etwas erzählen kann?«

»Ich glaube, die sind alle tot. Sie kommen zehn Jahre zu spät.« Aggressiv schaltet sich ein Herr ein, der sich namentlich nicht vorstellt.

»Das ist doch alles Lüge, Cerro Muriano liegt inmitten von Pinienwäldern, da ist kein Stückchen freies Feld wie auf dem Bild, von dem Sie reden. Das war doch Propaganda der Roten.«

Nein, in Córdoba war in der Tat kein Platz für die Skulptur von Igael Turmakin. Ein Rätsel bleibt, warum ausgerechnet diese Stadt in der neuen Demokratie als einzige von einem kommunistischen Bürgermeister regiert wird. Die politischen Widersprüche der turbulenten Bürgerkriegsjahre reichen offensichtlich bis in die Gegenwart.

Wo also sind die Spuren des Mannes von unserem berühmten Foto zu suchen? Das zentrale Militärarchiv in Salamanca ist wenig erfolgversprechend. Bei fast einer Million Toten des Bürgerkriegs ist dieser »Held« nur einer unter vielen. Die Politiker Francos waren bemüht, die Geschichte in ihrem Sinne zu dokumentieren.

Erinnerungen der wenigen noch lebenden Kriegsteilnehmer sind die einzige für uns glaubwürdige Informationsquelle. Ihr Schicksal während der ersten Kriegsmonate gibt zumindest eine Vorstellung davon, was damals wirklich passierte:

Sevilla zum Beispiel war nie wirklich republikanisch. Die Hauptstadt Andalusiens war ab Juli 1936 fest in der Hand der Falangisten. Dort begann der Eroberungszug der spanischen Rechten. Entlang dem Flußtal des Guadalquivir fiel ein Dorf nach dem anderen in die Hände der »Moros«, der Legionen Francos: Lora del Rio, Palma del Rio, Posadas und all die kleinen Enklaven in deren Umgebung. Córdoba war ähnlich wie Sevilla seit jeher Gebiet der Falange und mußte gar nicht erst eingenommen werden. Die Soldaten der Republik waren nach den Niederlagen in der Ebene des Guadalquivir gezwungen, sich in die Sierra von Córdoba zurückzuziehen.

Palma del Rio liegt in der weiten Ebene des Guadalquivir am Rande der Sierra von Córdoba. Am 27. August eroberte die Kolonne Baturone das Dorf. Baturone war später auch bei der Einnahme von Cerro Muriano maßgeblich beteiligt. Am gleichen Tag griff der Latifundienbesitzer Félix Moreno zur Selbstjustiz, denn revolutionäre Republikaner hatten Vieh aus seinem Besitz gestohlen, geschlachtet und die Beute unter den Leuten von Palma del Rio verteilt.

»Für jeden Stier bringe ich zehn von euch um!« Eines der niedergemetzelten Opfer soll seinen eigenen Sohn am Maschinengewehr erkannt haben, bevor er unter dem Kugelhagel zusammenbrach. Das Blutbad, das in einem Viehpferch des Ortes stattfand, ging als einer der schlimmsten Racheakte unter der Zivilbevölkerung in die Geschichte des Bürgerkriegs ein.

»El Chimeno« ist bekannt als legendärer Führer der republikanischen Milizen. Noch lange nach Einnahme der Dörfer in den Bergen zettelte er Sabotageakte gegen die neuen Herren an. Mingote, so nennen ihn alle in Palma del Rio, war einer der jungen Milizsoldaten dieser Truppe. Er erinnert sich an diese turbulenten Tage: »Wir marschierten über Fuente Palmera, Ochavillo del Rio nach Posadas. Dort schlossen sich uns andere junge Revolutionäre an. Córdoba war in den Händen der Faschisten. Also mußten wir von Posadas aus hinein in die Berge. Ein Teil von uns ging direkt nach Villaviciosa, wo wir mit anderen Milizen zusammentrafen, dem Bataillon Garcés und dem Bataillon Jaén. Die anderen schlugen den Weg in Richtung von Cerro Muriano ein.«

Obwohl Mingote jeden in der Truppe kannte, kann er bei dem Bild nicht weiterhelfen. Seine Augen sind fast blind. Dafür funktioniert sein Gedächtnis hervorragend. Namen, Daten, Orte fallen ihm ein, und er glaubt, sich an unseren Mann zu erinnern: »Antonio Arriaza, der fiel gleich am Anfang des Krieges, das muß in der Gegend von Muriano gewesen sein.« Ein Enkel dieses Mannes lebt in einem Pueblo in der Nähe. Er trägt nicht nur den Namen seines gefallenen Großvaters – Antonio –, sondern er trat auch politisch in dessen Fußstapfen: Antonio Arriazas Enkel ist Gemeinderat der Kommunistischen Partei Andalusiens.

In den Wirren des Krieges wurde die Familie auseinandergerissen. Der Bruder des Gefallenen ließ sich mit Frau und Kindern im Baskenland nieder. Als einzige Erinnerung konnte er das Tagebuch seines toten Bruders, der zur Gruppe des »Chimeno« gehörte, aus dem Bürgerkrieg retten. Darin ist eine Eintragung zu finden, die Stoff für Spekulationen birgt:

»[...] wir kamen um elf Uhr nachts im Muriano an und wurden dort einige Tage verpflegt. Wir schoben Wachen, während der Kapitän [El Chimeno] nach Madrid fuhr, um Verstärkung anzufordern. Wir lagen im Muriano auf Horchposten, als wir aus dem Tal heraus auf der linken Flanke angegriffen wurden. Der Feind wurde nach einer harten Schlacht zurückgeschlagen. Es kam nur die Infanterie zum Einsatz. Einem Pferd riß es mit einem Schlag alle vier Beine weg. Einem Moro gelang es, ein Gewehr zu ergattern. Er fing an zu schießen und sagte, daß dies ein hervorragendes Gewehr sei. In diesem Moment springt ein Milizsoldat

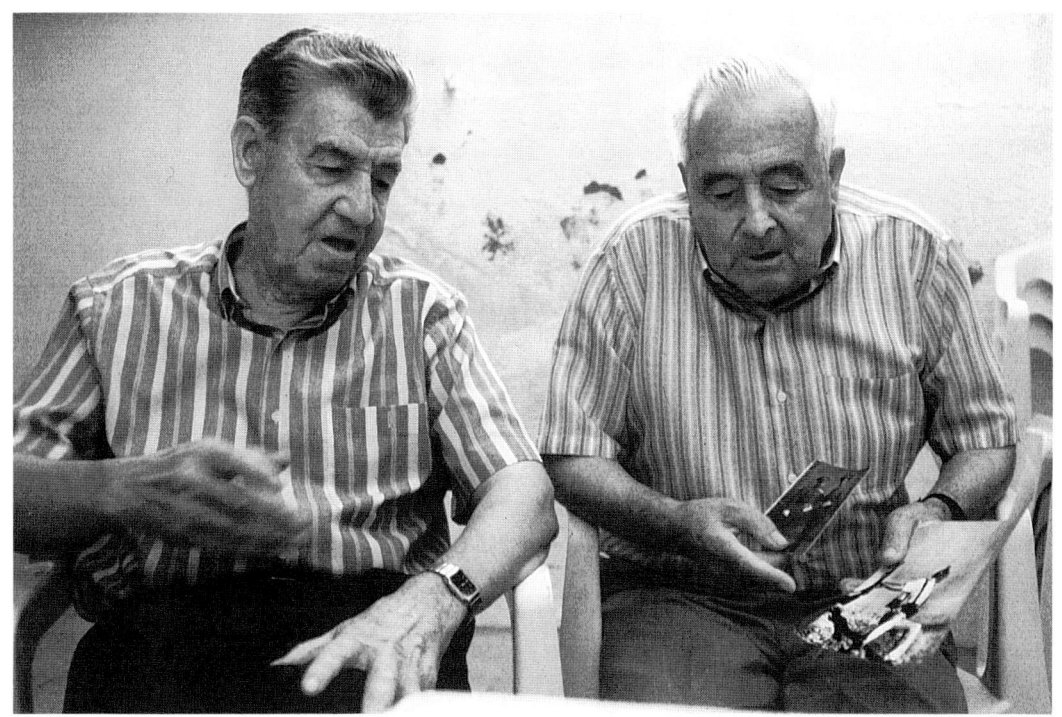

aus dem Gebüsch und sagt: ›Finger weg, das ist meines.‹ Er schoß auf ihn und tötete ihn.«

Aus dem Text, der im andalusischen Dialekt geschrieben ist, geht nicht hervor, wer auf wen schießt.

Antonio Arriaza ist nicht unser Mann, denn seine Tagebucheintragungen gehen weiter bis zum Mai 1937. Im September des gleichen Jahres erlag er seinen schweren Schußverletzungen, nicht weit von Cerro Muriano.

Villaviciosa war eine harte Nuß für die Soldaten Francos. Einer der Bürger des rebellischen Dorfes ist Rafael Franco, ein rüstiger Endachtziger. Er teilt nur den Familiennamen mit dem Caudillo. Rafael war bis 1952 als Partisan untergetaucht. Danach verbrachte er als Widerständler gegen die Diktatur Jahre im Gefängnis. Viele seiner Freunde und Gefährten sind gefallen, später durch Folter ums Leben gekommen oder standrechtlich erschossen worden. Für Rafael selbst ist es fast ein Wunder, daß ausgerechnet er überlebt hat. Die Lebensfreude steht dem alten Kämpfer ins Gesicht geschrieben. Dem Capa-Bild schenkt er wenig Beachtung, doch er kennt das Foto. Die eigene Geschichte ist zu aufregend, als daß er Zeit dafür opfern möchte, dem Milizsoldaten Capas einen Namen zu geben.

Doch Rafael kommt auf den unbekannten Mann zurück, als er von der Bewaffnung der Miliz erzählt: »Wir hatten Heugabeln, Jagdgewehre, alte

José (80) und Francesco (76). Sie glauben, den Namen des toten Helden zu kennen: Manuel Peinado Silveria.

*Auch ihr Vater
starb bei Cerro
Muriano:
Carmen Prieto
Roldan und ihre
Schwester
Joaquina auf
dem Hügel, wo
der Todesschuß
fiel.*

Repetiergewehre – alles, was zum Werfen oder Schießen tauglich war. Am Anfang des Krieges, bevor die Internationalen Brigaden aus aller Welt nach Spanien kamen und Waffen mitbrachten, war es unwahrscheinlich, daß ein Milizsoldat eine Mauser hatte, so wie dieser Mann auf dem Bild.«

Das scheint das Problematische dieses Bildes zu sein. Vielleicht ist die Waffe doch dieses hervorragende Gewehr, das in dem Tagebuch beschrieben wird?

Der Weg führt nach Obejo. Nach den ersten Gebietsverlusten in der Sierra von Córdoba hatten sich die Miliztruppen in die Umgebung dieses Dorfes zurückgezogen. Die holperige Landstraße windet sich in ein zerklüftetes Tal. An den steilen Hängen stehen Mandel- und Olivenbäume. Die Cortijos – die einfachen Bauernhäuschen hier im Süden – sind wie weiße Farbkleckse in der Landschaft verstreut. Neben dem Auto in der improvisierten Garage steht noch ein Esel.

Obejo ist eines der typischen weißen andalusischen Dörfer. Auch hier ist, wie überall in Spanien, die Bar am Dorfplatz der beste Ort, um Informationen einzuholen. Der Großvater von José Maria Morales, dem Besitzer der Bar, war zu Beginn des Krieges Bürgermeister von Obejo. Er ist Mitgründer der Dorfsektion der Sozialistischen Partei Spaniens. Die Genossen des Dorfes waren hartgesottene Verteidiger der Republik, erzählt José Maria. Als bekannt wurde, daß die linken Dörfler die

Gefangenen rechter Gesinnung in Selbstjustiz hinrichten wollten, mobilisierte die Falange der angrenzenden Gemeinden ihre Kräfte, überfiel das Dorf und befreite die willkürlich zum Tode Verurteilten. Der Bürgermeister mußte fliehen. Das gegenseitige Morden und Rächen zog sich durch die gesamte Kriegszeit.

»Natürlich kenne ich das Bild von dem amerikanischen Fotografen, aber selbstverständlich!« schreit überschwenglich José Maria unter dem ständigen Lärm von Spielautomaten, Tischfußballgeklacker und angeregten Unterhaltungen über den Tresen.

»Die Alten im Kasino der Pensionisten, die müssen noch mehr wissen.«

Unter einem Feigenbaum im kühlen Schatten sitzen die alten Veteranen – Nationalisten und Republikaner, Falangisten und Sozialisten – an einem Tisch; alle waren sie im Krieg. Von der Feldarbeit ausgemergelt, die Gesichter von der Sonne verbrannt, die Baskenmützen ins Genick geschoben. Als wir mit José Maria in den Patio eintreten, schenkt uns keiner auch nur die geringste Aufmerksamkeit. Grobe Hände schieben Dominosteine über den Tisch, abgegriffene Karten werden auf die Tischplatte geschmettert. Wir legen das Bild dazu.

»Kennen Sie den?«

Schweigen. Eine weitere Karte fliegt auf den Tisch.

Doch langsam werden Erinnerungen wach. Augustin, der Mann mit den dichten, buschigen Augenbrauen, sagt zu seinem Gegenüber:

»Du, du warst doch ein Roter, du weißt doch Bescheid.«

Francisco geht mit keinem Wort auf Capas Bild ein. Die eigenen Erlebnisse stehen für diese Männer im Vordergrund. Darüber erzählen sie. Im Gespräch fallen Daten, genaue Uhrzeiten, Namen: das Bataillon der Petroches, das Massengrab in Villharta, General Varela, Erschossene, zum Tode Verurteilte und Gerettete ... Die Gemüter erhitzen sich. Die Überzeugungen derer, die auf seiten der Republikaner standen, und der Gegner auf nationalistischer Seite sind auch vierundfünfzig Jahre nach dem Ende des Bürgerkriegs noch unversöhnlich. Erstaunlich, wie präzise diese alten Männer mit den Fakten jonglieren. Capas Bild gibt den Anstoß zu einer heftigen Debatte über die Vergangenheit.

»Zu guter Letzt haben wir das bißchen Tabak, das wir in die Finger bekamen, doch geteilt. In Kartuschen schossen wir Zigaretten hinter die feindlichen Linien, zum Bruder, der auf der anderen Seite kämpfte.« Die hochbetagte Runde, die zusammen fast tausend Jahre zählt, schmunzelt wohlwollend.

»Es gab abscheuliche Taten auf beiden Seiten, wir waren das Kanonenfutter.«

In trockenem Ton, als sei er völlig unbeteiligt, sagt plötzlich einer: »Auf dem Foto, das ist Manuel Peinado Silveria.« Wenig später schleppt jemand dessen Cousin heran – auch er ist längst ein alter Mann. Etwas

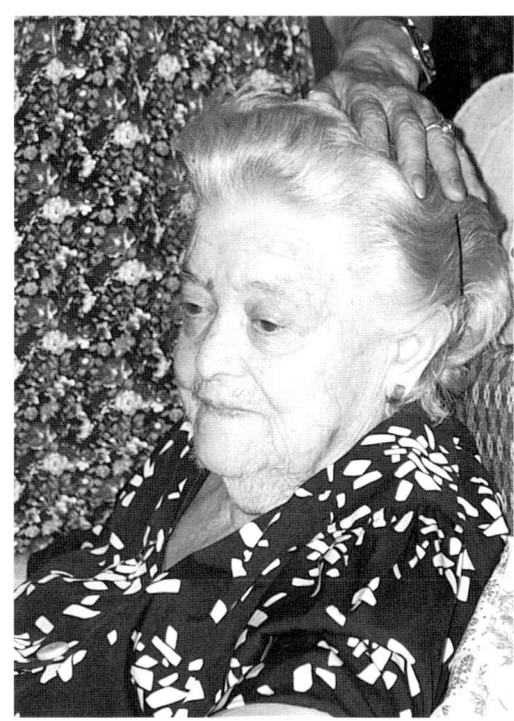

ungläubig betrachtet er das Bild, erstaunt darüber, daß sich noch nach so langer Zeit ein Mensch dafür interessieren könnte. Plötzlich ist sich die versammelte Veteranengruppe einig: »Das ist Manuel.« Wir sind überrascht. Ist das die richtige Spur?

Nach dem gescheiterten ersten Angriff der Truppen Varelas auf die Sierra von Córdoba im August 1936 wurde man sich der drohenden Gefahr bewußt. Die in der Republik errungene Freiheit von den Feudalherren stand auf dem Spiel. Eine Gruppe von Milizsoldaten aus Obejo zog an die Front und verschanzte sich in Cerro Muriano. Beim Gewehrreinigen, so sagt man, sei eine Kugel entwischt und habe Manuel tödlich verletzt. Ein Unfall in den eigenen Reihen also.

Haben wir ihn nun gefunden, unseren Unbekannten?

Die Pensionisten sind sich sicher: »Ja, natürlich, Das ist er!«

Aber letzte Zweifel bleiben. Augenzeugen gibt es keine mehr. Er gibt sich nicht mehr völlig preis, der »unbekannte Held«.

Doch ob er nun Manuel oder Juan heißt, ist das wichtig? So oder so – das Foto ist Symbol schlechthin, ein Sinnbild für den Irrsinn des Krieges. War doch das Blutvergießen in Spanien geradezu Vorbote der kommenden großen Konflikte des Jahrhunderts: der Kampf des Kommunismus gegen den Faschismus, die Abwehrschlacht der alten Demokratien gegen die neuen Diktaturen.

Die Einmischung fremder Mächte trug dazu bei, daß ein fast gescheiterter Militärputsch in einen langwierigen Bürgerkrieg mündete. Hitler machte Spanien zum Testgelände für seine neuen Waffen, mit denen er den ganzen Kontinent erobern wollte. Die Bilanz des Spanischen Bürgerkrieges war erschütternd: Es gab mehr als dreihunderttausend Tote, Hunderttausende von Flüchtlingen, die ins Exil gehen mußten, um dem blutigen Rachefeldzug Francos zu entgehen. In den ersten drei Jahren nach dem Sieg der Faschisten 1939 sollen rund zwei Millionen Gegner des Diktators verschwunden sein. Doch der wahre große Orlog, mit Massenmord und Holocaust, stand Europa noch bevor. Und sind wir seitdem eigentlich vernünftiger geworden? Das Bild vom sterbenden Soldaten bleibt solange gegenwärtig, wie der Mensch des Menschen Wolf ist.

Die Ächtung

Die Ächtung

Es war der Tag der Befreiung. Statt der Hakenkreuzfahne wehte wieder die französische Trikolore in den Straßen von Chartres. Nach heftigen Gefechten rollten am 16. August 1944 die ersten Panzer des 20. US-Korps über das Pflaster der Stadt. Ihre Ankunft hatte sich in Windeseile herumgesprochen. Befreit von der bangen Ungewißheit, kamen die Bewohner aus ihren Kellern hervor, in denen sie während der letzten Tage der Besatzungszeit Schutz gesucht hatten. »Jeder wollte die amerikanischen Panzer berühren«, erinnert sich eine Augenzeugin. »Eine Frau aus der Nachbarschaft kam sogar mit einem Tablett voller Champagnergläser, um die Befreier zu begrüßen.« Die Stadt schien zu neuem Leben erwacht zu sein. Der Bann war gebrochen; ausgelassene Fröhlichkeit herrschte in den Straßen.

Doch der Tag des großen Triumphes war zugleich die Stunde der Vergeltung. Roger Joly, der als Angehöriger der Résistance damals noch in erbitterte Straßenkämpfe mit den abrückenden deutschen Truppen verwickelt war, sollte einen Augenblick dieses Tages nie mehr vergessen. Auf dem Hof der Polizeipräfektur begegnete er einer früheren Schulkameradin, aber er vermochte sie kaum wiederzuerkennen: Ihr Kopf war kahlrasiert, auf ihrer Stirn prangte eine Art Schandmal (»W« für Wehrmacht), aus ihren Augen sprachen Angst und Scham. »Ihr Anblick machte mich sehr verlegen«, erinnert sich Joly. »Es war so einfach, eine schutzlose Frau vorzuführen, sie umherzuzerren, sie zu verprügeln und kahlzuscheren. Viel einfacher, als eine Waffe in die Hand zu nehmen und gegen die deutschen Besatzungssoldaten zu kämpfen. Da kam der ganze Bodensatz menschlicher Bosheit an die Oberfläche.«

Den »Beweis« ihrer vermeintlichen Schuld trug die junge Frau im Arm: ihr Baby, das erst drei Monate alt war. Der Vater des Kindes, davon zeigten sich die selbsternannten Ankläger überzeugt, war ein »boche«, ein Offizier der deutschen Besatzungsmacht. Gleich nach dem Abzug der Deutschen hatte man die Frau daher zusammen mit ihren Eltern in den Hof der Präfektur gebracht und ihr den Kopf kahlgeschoren, um sie öffentlich als »Kollaborateurin« bloßzustellen. Etwa zwanzig Frauen aus Chartres, die sich mit den Deutschen »eingelassen« hatten, erging es in dieser Stunde der Abrechnung ebenso.

Opfer der Vergeltungsaktion. Im Hof der Präfektur von Chartres bekommen angebliche Kollaborateure die Wut der Einwohner zu spüren. Unter ihnen die dreiundzwanzigjährige Mutter mit ihrem Baby (3. v. links).

Das Foto zeigt, wie der Weg durch die von Menschen dichtgesäumte Straße einem Spießrutenlauf gleicht. Ihr kahles Haupt macht die junge Mutter zur Zielscheibe der öffentlichen Verachtung; die Blicke der Umstehenden nehmen sie ins Visier. In den Mienen der Gaffer spiegelt sich die ganze Bandbreite der Emotionen: Neugier, Entsetzen, Mitleid und immer wieder Schadenfreude. Ein Hochgefühl von selbstzufriedener Überlegenheit mischt sich in den Triumph dieser Siegesfeier. Doch der Spott der Leute und ihre bösen Bemerkungen scheinen die Frau im Mittelpunkt des Geschehens nicht zu erreichen. Ihre Aufmerksamkeit gilt allein dem Kind, und sie drückt es fest an sich, als wolle sie es demonstrativ vor allen Vorwürfen in Schutz nehmen.

Diesen Augenblick hat der Bildreporter Robert Capa, der die amerikanische Invasionsarmee auf ihrem Vormarsch begleitete, zu einer fotografischen Ikone verewigt, die über das Ereignis hinaus zu einem Sinnbild für den menschlichen Umgang mit Schuld und Sühne geworden ist. »Das Bild«, schreibt Capas Biograph Richard Whelan, »läßt die vermeintlich gedemütigte Frau wie eine erhabene, von grotesken Dämonen gepeinigte Madonna erscheinen – es wurde eines der berühmtesten Bilder von Capa. Es ist ein Bild, das auch deutlich erkennen läßt, wie unumwunden seine Sympathie jenseits aller Politik dem leidenden Menschen gehörte.«

Das Porträt einer schmachvoll an den Pranger gestellten Märtyrerin, einer unbeugsamen Jeanne d'Arc der Moderne? Für den Augenzeugen

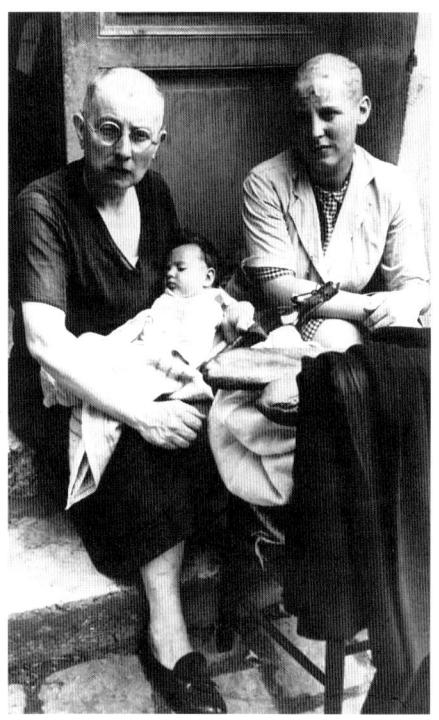

Oben rechts:
Der Weg zum
Gefängnis. Für
die junge Frau
und ihre Eltern
ein Spießruten-
lauf.

Oben links:
Auch ihrer
Mutter wurde als
angeblicher
Denunziantin
der Kopf
geschoren.

Roger Joly greifen solche Gleichnisse zu kurz. Er läßt zunächst keinen Zweifel daran, was er von dieser Art der öffentlichen Ächtung hält: Eine »unwürdige Zirkusaufführung« sei das gewesen, zu einer Zeit, in der »wahrlich dramatischere Dinge« passierten. »Wenn man das Foto genau betrachtet und sieht, wie die Leute lachen, sich über die Frau lustig machen – denn sie denken nur an das Delikt der ›amourösen Kollaboration‹ –, dann fällt einem natürlich sofort das Gleichnis aus der Bibel von Christus und der Ehebrecherin ein: ›Wer ohne Schuld ist, der werfe den ersten Stein!‹«

Doch auch der berechtigte Abscheu über die Maßlosigkeit des Volkszorns sollte nicht die Hintergründe vergessen lassen. »Die Frau und ihre Mutter standen im Verdacht, Menschen aus ihrer Nachbarschaft denunziert zu haben, die von der Gestapo ins Konzentrationslager eingeliefert wurden«, sagt Joly. »Zwei von ihnen kehrten nie wieder zurück. Wenn dieser Vorwurf wahr ist, dann schwindet mein Mitgefühl, dann war das ein Verbrechen. Wenn sie dafür wirklich die Verantwortung trug, dann war diese Strafe eher noch zu mild.«

Was geschah mit der jungen Mutter, nachdem man ihr die Haare geschoren hatte? Das Foto zeigt eine johlende Menge, die die Frau vor sich hertreibt – aber wohin?

Die Straße, auf der sich die Szene abspielte, die Rue du Cheval-Blanc, führt von der Polizeipräfektur (im Hintergrund an der großen Fahne über dem Portal zu erkennen) auf die weltberühmte Kathedrale von Chartres zu. Nur wenige Meter davon entfernt liegt die Rue des Lisses, in der damals das örtliche Polizeigefängnis untergebracht war. Dorthin wurde die dreiundzwanzigjährige Frau mit ihren Eltern gebracht.

Ihr Vater ist der Mann mit der schwarzen Baskenmütze im Vordergrund des Bildes, dessen Erscheinung – anders als bei den meisten übrigen Beteiligten – tiefe Ernüchterung ausdrückt. Halbverdeckt hinter seiner rechten Schulter sieht man die Mutter mit runder Brille, deren Haupt ebenfalls geschoren ist. Der Mann trägt ein dickes Wäschebündel, es wird die nötigen Habseligkeiten für einen Gefängnisaufenthalt enthalten haben. Zwei uniformierte Polizisten begleiten die Familie.

Die Vorwürfe gegen die junge Frau rührten aus den letzten Wochen der Besatzungszeit. Die Dreiundzwanzigjährige hatte als Dolmetscherin in einem Büro für die deutsche Verwaltung gearbeitet. Sie unterhielt eine Liebesbeziehung mit einem deutschen Soldaten und bekam ein Kind von ihm. Ihre Mutter war in der ganzen Stadt als »Schandmaul« bekannt. Als ausgerechnet ihre Untermieterin und eine Nachbarin von der Gestapo abgeholt wurden, stand für die öffentliche Meinung in Chartres fest, daß sie von ihr denunziert worden waren. Einen handfesten Beweis gab es allerdings nicht, eine gründliche Untersuchung fand nie statt. Ein provisorisches Gericht im nahe gelegenen Internierungslager Puthuciers verbannte die junge Frau später zusammen mit ihrer Mutter für zehn Jahre aus Chartres. Das »gesunde Volksempfinden« ersetzte eine fundierte Anklageschrift.

Die Stunde der Vergeltung war keine Sternstunde des Rechts. Aber die äußeren Umstände waren auch keineswegs dazu angetan. Die Abrechnung mit den mutmaßlichen Denunziantinnen verlief nicht weniger fragwürdig als das Kapitel der französischen Geschichte, das zur Verhandlung stand: Selten in der Vergangenheit des Landes war die Lage in Frankreich so ruhig wie in der Anfangsphase der deutschen Besetzung. Der rasche Vormarsch von Hitlers Truppen und der Waffenstillstand am 22. Juni 1940 hatten den Widerstandsgeist im Land gelähmt. Der flammende Aufruf zum Aufstand von Charles de Gaulle, der sich aus dem Exil zu Wort gemeldet hatte, verhallte weitgehend ungehört. Nicht nur die Kollaborationsregierung unter Marschall Pétain im freien Südteil des Landes setzte auf Zusammenarbeit mit den deutschen Usurpatoren. Der gefürchtete Erbfeind galt vielen Politikern und Unternehmern nun als willkommener Partner. Dreihunderttausend Franzosen traten in deutsche Militärverbände ein. Neun Millionen arbeiteten, freiwillig oder gezwungen, für die Besatzungsmacht. Selbst bei der Deportation von über zweihunderttausend Juden und Oppositionellen in die Konzentrationslager konnte die Gestapo auf die Unterstützung der französischen Verwaltung setzen. Erst als französische Zwangsarbeiter massenweise außer Landes gebracht wurden und die Wehrmacht schließlich 1942 auch im Süden des Landes einmarschierte, erhielten die Widerstandsgruppen regen Zulauf. Sie konnten zunehmend auf die Sympathie der Bevölkerung zählen. Im Mai 1943 schlossen sich die verschiedenen Partisanenverbände zum Nationalen Widerstandsrat zusammen und erhielten von Großbritannien aus logistische Unterstützung. Koordinator dieses Bündnisses war ein Emissär der französischen Exilregierung in London; er hatte von Beginn an kompromißlos gegen die deutsche Besatzungsmacht gekämpft: Jean Moulin, der 1940 als Präfekt von Chartres jegliche Zusammenarbeit mit den neuen Herren im Land verweigert hatte, war de Gaulles wichtigster Mittelsmann bei der Organisation des Widerstands. 1943 verriet ihn ein Mitarbeiter aus den eigenen Reihen. Bei einem von der Gestapo überwachten Treffen wurde er verhaftet und auf Befehl von Klaus Barbie, dem berüchtigten »Schlächter von Lyon«, qualvoll zu Tode gefoltert.

Der Partisanenkrieg nahm danach an Schärfe zu. Untergrundkämpfer der Résistance und des Maquis liquidierten Landsleute, die sie für Kollaborateure hielten, und setzten die Besatzungsmacht mit Sprengstoffanschlägen mehr und mehr unter Druck. Mit Beginn der alliierten Invasion am 6. Juni 1944 kam es überall im Land zu Aufstandsversuchen, die von den deutschen Truppen mit grausamen Vergeltungsschlägen beantwortet wurden. Dörfer wie Tulle, Mussidan und Argenton-sur-Creuse wurden von einer mordenden Soldateska heimgesucht. Grausamer Höhepunkt des Rachefeldzugs war die Ermordung von 642 Bewohnern der Ortschaft Oradour-sur-Glane durch Soldaten der SS-Division »Das Reich«.

Eine Saat der Gewalt wurde gelegt. Nach all den Verhaftungen, Deportationen, Folterungen, Erschießungen und Repressalien war das Terrain hoch explosiv, das die alliierten Invasionstruppen befreiten. Im Machtvakuum nach dem Abzug der deutschen Besatzer vollzog sich eine der blutigsten Säuberungsaktionen der französischen Geschichte. Überall im Land kam es zu spontanen Racheakten. Sowohl notorische Kollaborateure als auch Staatsbeamte – vom Präfekten bis zum einfachen Polizisten – oder Mitglieder faschistischer Organisationen liefen Gefahr, aufgegriffen zu werden. Einige der Verhafteten wurden von der Menge gelyncht, andere standrechtlich erschossen. Für viele bedeuteten schon Denunziationen oder Verwechslungen das Todesurteil. In Uriage wurden siebenundsiebzig Schüler der deutschfreundlichen »École des Cadres de la Milice« in Viererreihen hingerichtet. Die Gesamtbilanz der »Épuration«, der politischen Säuberung, ist bis heute umstritten. Die Historiker schwanken bei ihren Angaben zwischen zehn- und hunderttausend Todesopfern.

»Wir stehen zur Zeit nicht im Zeichen der Waage, sondern im Zeichen der Maschinenpistole«, kommentierte im August 1944 ein hoher Vertreter des provisorischen Justizministeriums den Exzeß der Gewalt. Macht

ging in vielen Orten vor Recht. Angehörige der Résistance stellten eine eigene Polizeitruppe auf, richteten Gefängnisse ein und legten Internierungslager an. Spontan gebildete Volksgerichte verhängten über hunderttausend Urteile, die auf Hinrichtung, Gefängnis oder Entzug der bürgerlichen Ehrenrechte lauteten.

Besonderes Aufsehen erregte die öffentliche Zurschaustellung tatsächlicher oder vermeintlicher Kollaborateure. Die Opfer der archaisch anmutenden Ächtungsrituale waren meist Frauen, denen Beziehungen mit deutschen Besatzungssoldaten nachgesagt wurden. Mit kahlgeschorenem Haupt, manchmal auch völlig entkleidet oder mit Hakenkreuzen aus Teer bemalt, wurden sie dem öffentlichen Hohn und Spott preisgegeben. Berechtigte Entrüstung über Denunziation oder Verrat mischte sich mit Mißgunst wegen vormaliger Privilegien und mit moralisch-sittlicher Empörung. Am Pranger stand dann oft eher ein lockerer Lebenswandel – gemessen am »gesunden Volksempfinden«.

»Einige sind einfach aus dem Grund kahlgeschoren worden, weil sie es gewagt hatten, einmal eine Flasche Champagner an einen deutschen Offizier zu verkaufen«, erinnert sich Madame Sicsu, die als neunjähriges Mädchen die Befreiung von Chartres erlebte. Andere Profiteure der Besatzungszeit, die aus der Anpassung an die Deutschen ohne großes Aufsehen reichen Gewinn gezogen hatten, kamen dagegen – im Wortsinn – ungeschoren davon. Die Frau auf dem Foto allerdings, daran hat

Oben links:
Als neunjähriges Mädchen wurde Madame Sicsu Augenzeugin der »Ächtung«.

Oben rechts:
Der Résistance-Kämpfer Roger Joly war Klassenkamerad des geschorenen Mädchens.

Die schöne Seite der Medaille: Mit den alliierten Truppen, an der Seite von Winston Churchill, zieht auch General de Gaulle als »Befreier« in Paris ein.

Madame Sicsu bis heute keinen Zweifel, »hatte es verdient, bestraft zu werden, ja sie wurde nicht genug bestraft. Sie hatte eine Reihe von Menschen denunziert, von denen einige nicht mehr zurückkehrten. Sie war daher bei uns geächtet, und es war für uns damals wirklich eine Genugtuung, sie in diesem Aufzug zu sehen.« – »Gab es konkrete Beweise für diesen Vorwurf?« Nachdenklich wiegt die Befragte den Kopf. »Na ja, im Endeffekt nicht, aber ich glaubte, was die Leute mir sagten.«

Annäherung an eine verdrängte Geschichte in Chartres, beinahe ein halbes Jahrhundert später: Die Pflasterstraße, auf der sich die Szene ereignete, ist heute asphaltiert, das fahnengeschmückte Mädchenpensionat links im Hintergrund des Fotos neu verputzt. Sonst hat sich der Schauplatz wenig verändert. Die Präfektur trägt heute den Namen von Jean Moulin. Er steht für die großen Leistungen des Widerstands. Sein tragischer Tod mahnt an die dunklen Seiten der Kollaboration und des Verrats, etwas, worüber die Menschen in Chartres heute nicht mehr gerne reden. Türen werden geschlossen, Auskünfte verweigert, Unterhaltungen abgebrochen, sobald das Gespräch auf die Kahlgeschorenen kommt. Zwei Aufrufe nach Zeugen des Geschehens in der örtlichen Zeitung bleiben ohne jedes Echo. Die Vorfälle in den Tagen der Befreiung sind bis heute von einer Mauer des Schweigens umgeben.

Als eine Frau sich schließlich meldet, die damals selbst ein Opfer der

Rache wurde, wahrt sie sorgfältig ihre Anonymität. Heute noch bekämen ihre Verwandten gelegentlich zu hören, daß sie eine Nutte sei, die mit den Deutschen geschlafen habe.

Wie hat sie damals den Tag der Befreiung erlebt? Zögernd beginnt sie zu erzählen und redet sich allmählich in Fahrt: »Die ganze Stadt war im Freudentaumel. Ich stand neben meinen Eltern in der Tür unseres Hauses, als ein Polizeibeamter mit einem großen Revolver plötzlich auf mich zustürzte und mich am Arm fortziehen wollte. Meine kleine Tochter wollte ihn noch daran hindern. Der Polizist brachte mich zu den anderen Frauen in den Hof der Präfektur. Dort setzte man mich auf einen Stuhl, und ein Friseur aus Chartres schnitt mir die Haare ab, ohne Grund und ohne Erklärung. Das einzige war, daß ich vorher als Gerichtssekretärin gearbeitet hatte und später in den Häusern von Deutschen saubermachte. Dann hat man mich fotografiert und mit den anderen Frauen durch die Straßen von Chartres geführt. Der Zug machte auf einer großen Wiese halt, wo ein humpelnder Mann mit einem großen Gewehr auf uns anlegte, als ob er uns erschießen wolle. Dann hat man uns wieder über die Straßen getrieben, bis ich schließlich freigelassen wurde. Der Weg nach Hause war schrecklich! Wie eine Maus schlich ich an den Häuserwänden entlang, und ich wagte mich tagelang nicht mehr nach draußen. Im ersten Moment dachte ich sogar daran, mich umzubringen. Ich fürchtete, die Schande der ganzen Stadt zu sein, und hatte Angst, daß mein Mann sich nach seiner Rückkehr aus der deutschen Kriegsgefangenschaft von mir scheiden lassen würde. Aber als er zurückkam, hatte er nur eine fürchterliche Wut auf die Leute. Später übernahm er ein eigenes Geschäft. So waren wir einigermaßen unabhängig von dem Gerede in der Stadt.«

Die junge Mutter, deren Foto zum Sinnbild dieses Ächtungsrituals wurde, kehrte nach dem zehnjährigen Aufenthaltsverbot nach Chartres zurück. Dort verbrachte sie, weiterhin verfemt und gemieden, ihre letzten Jahre, bis sie 1966 schon mit Mitte Vierzig starb. Ihre Tochter, die während ihrer Abwesenheit von einer Tante versorgt wurde, kehrte der Stadt später den Rücken und zog nach Paris. Heute lehnt sie jedes Gespräch über das Ereignis ab, das von ihrem ersten Lebensjahr an wie ein dunkler Schatten über ihr liegt. Der Tag der Befreiung – für sie ist er zeitlebens mit einem Fluch verbunden.

Der Hände-
druck

Der Händedruck

Sie sind seit vielen Jahren Freunde: William »Bill« Robertson, Professor für Neurochirurgie aus Culver City bei Los Angeles, Dr. Delbert E. Philpott, ehemaliger NASA-Professor aus San Francisco, und Alexander Silwaschko, ein pensionierter Lehrer aus einer Kleinstadt bei Minsk.

Einen Ort gibt es in Deutschland, in dem fast jeder diese Männer kennt und weiß, was sie verbindet: Der Ort heißt Torgau und liegt an der Elbe. Die kleine Stadt zwischen Dessau und Dresden wurde im April 1945 über Nacht weltberühmt. Das Hitlerreich stand kurz vor dem Zusammenbruch, als sowjetische und amerikanische Truppen sich bei Torgau zum erstenmal begegneten. Die GIs Robertson und Philpott und der Rotarmist Silwaschko waren beim historischen »Link-up«, dem Zusammentreffen der siegreichen Streitkräfte, dabei. Den alten Schauplatz haben sie schon oft besucht. Für die Torgauer zählen sie zu den Stars des immer wieder aufgewärmten Rendezvous an der Elbe.

An jenen schicksalhaften 25. April 1945 erinnert ein Bild, das um die Welt ging. Es zeigt, wie sich auf den Trümmern der Torgauer Elbbrücke amerikanische und sowjetische Soldaten die Hände reichen. Das Foto symbolisiert nicht nur das Ende des Zweiten Weltkriegs in Europa, es ist auch Sinnbild für die Teilung Deutschlands durch die Siegermächte.

Heute, nach fast fünfzig Jahren, feiern die Veteranen wieder gemeinsam auf der Wiese an der alten Elbbrücke – wie damals. Unsere drei Freunde sind stets willkommen in Torgau, nicht nur, wenn zum »Elbe Day« aufgespielt wird. Seit 1990, nach der »Wende«, findet dieses Volksfest regelmäßig zum Jahrestag der amerikanisch-sowjetischen Begegnung statt. Tausende Besucher aus aller Welt nehmen daran teil.

Der Anlaß, der uns heute mit Philpott, Robertson und Silwaschko zusammenführt, stimmt die drei Veteranen eher traurig. Nicht weit von der alten und inzwischen restaurierten Elbbrücke entfernt wurde eine neue erbaut und am Tag unseres Treffens feierlich eingeweiht. Die alte Brücke soll im kommenden Jahr abgerissen werden. Viele Menschen bedauern das. Nicht nur, weil die alte »Friedensbrücke« historisch von Bedeutung ist – das neue Bauwerk aus grauem Stahlbeton fügt sich weit weniger harmonisch in die idyllische Flußlandschaft ein.

»Offenbar ist es nun Zeit, Abschied zu nehmen«, klagt Alexander

Silwaschko. »Wir wollen der alten Brücke noch einmal ganz herzlich Dank sagen für alles, was sie uns gegeben hat.«

Silwaschko und Bill Robertson waren die ersten, die sich über den Trümmern der Brücke die Hände reichten. Doch auf dem berühmten Foto sind sie nicht zu sehen. Dafür prangt das Konterfei vom dritten Veteranen unserer Runde, Delbert Philpott, auf der linken Seite im Bild: Er ist der GI in der Mitte. Und das, obwohl er beim historischen allerersten Händedruck gar nicht dabei war. Ist das Bild eine Fälschung?

»Keiner der Männer auf dem Foto hat jemals behauptet, bei dem ersten Händedruck dabeigewesen zu sein«, meint Delbert Philpott, »nur in den Medien und in etlichen Büchern wurde dieser Eindruck erweckt. Die Aufnahme entstand mehr oder weniger zufällig.«

»Nun, Delbert, dann erzählen Sie mal!«

»Ein Fotograf kam auf uns zu und sagte, er wolle das Zusammentreffen der Russen und Amerikaner rekonstruieren. Er suchte ein paar Freiwillige. Ich erklärte mich bereit mitzumachen. Einer von uns, der ein paar Brocken Russisch konnte, sprach einige Soldaten der Roten Armee an, ob sie auch mit aufs Foto wollten; so kam die buntgemischte Runde zusammen. Immerhin gehörten wir ja alle zu Einheiten, die bei den ersten ›Link-ups‹ mit dabei waren.«

Ein doch nicht ganz unverdienter Fotoheld also, der ehemalige Leutnant aus Culver City.

Die Stunde der Soldaten. Vortrupps der 1. US-Armee und der 5. Sowjet-Garde-Armee feiern bei Torgau den historischen »Link-up«.

Die Stunde der Generäle. Die Soldaten haben ihnen die Schau gestohlen; dennoch lächeln vor der Kamera General Reinhardt (links) und der sowjetische Kommandeur Russakow (Mitte).

Daß es zwei Fotos vom Händedruck bei Torgau gibt, die sich täuschend ähnlich sind, fällt nur bei genauem Hinsehen auf. Als wir Delbert auf den »Zwilling« ansprechen, muß er schmunzeln:

»Das lag daran, daß einige Anläufe nötig waren, bis wir die richtige Pose eingenommen hatten. Der Fotograf gab ständig Anweisungen: ›Nein, nicht die Hand geben – nur einander entgegenstrecken, bitte!‹ Der Soldat links von mir auf dem Bild, ich glaube, Metzger hieß er, wollte immerzu in die Kamera schauen. ›Nein‹, rief der Fotograf, ›schaut die Sowjets an.‹ Dann schoß er das erste Foto – wir blickten brav zu den Sowjets. Zur Sicherheit wollte er noch eine zweite Aufnahme machen. Jetzt hielt es Metzger nicht mehr aus: Als der Auslöser klickte, starrte er in die Kamera.«

Das Foto mit »Blick auf die Sowjets« wurde am nächsten Tag in der US-Militärzeitung *Stars and Stripes* veröffentlicht, aber auch das andere –

»mit Blick in die Kamera« – ging um die Welt. In einschlägigen Geschichtsbüchern tauchen beide Bilder auf.

Mitunter ist es schon ernüchternd zu erfahren, wie manches historische Symbolfoto entsteht. Offenkundig ist die Inszenierung oft einprägsamer als die Wirklichkeit – zumal wenn beim tatsächlichen ersten Augenblick gerade keine Kamera zur Hand ist. Die Entstehung unseres Fotos ist nicht, wie in vielen Büchern so behauptet, auf den 25. April zu datieren. Da wurde gefeiert, nicht fotografiert. Der Fotograf war erst am nächsten Tag dabei.

Bill Robertson und Alexander Silwaschko hegen keinen Groll gegen jene Männer auf dem Foto, die ihnen eigentlich die Schau gestohlen haben. Dafür ist *ihre* Geschichte vom ersten Zusammentreffen echt und um so spannender.

»Eigentlich hatten wir gar nicht die Erlaubnis, bis an die Elbe heranzufahren«, gesteht Bill Robertson. »Die beiden Streitkräfte hatten vereinbart, daß die US-Armee nicht ganz bis zum Fluß vorrückt. Es sollte eine Pufferzone bleiben, um zu vermeiden, daß es versehentlich zu Feuergefechten zwischen uns und den Sowjets kam. Nachdem unsere Einheit Stellung bezogen hatte, wurden drei Patrouillen losgeschickt. Unsere Gruppe sollte in Erfahrung bringen, wie es um die Lage der Flüchtlinge in dieser Gegend bestellt war. Zigtausende Deutsche aus den Ostgebieten flohen vor der heranrückenden Roten Armee. Viele Einheiten der Wehrmacht lösten sich auf, Hunderte deutscher Soldaten kamen uns entgegen. Im Grunde hatten wir also gar nicht die Absicht, die Sowjets zu treffen.«

Der Vormarsch der US-Armee wurde aber nicht nur gestoppt, um einen Korridor zu schaffen. Die große Politik war mit im Spiel. Längst standen die Grenzlinien der künftigen Besatzungszonen fest. Um die Russen nicht vor den Kopf zu stoßen, trat General Eisenhower auf die Bremse. Schon am 20. April waren seine Truppen in Magdeburg und Leipzig eingerückt. Bei Lauenburg hatten die Briten die Elbe überschritten und weite Teile von Westmecklenburg besetzt. Der britische Oberbefehlshaber, Feldmarschall Montgomery, wäre gern weitermarschiert, Richtung Berlin, doch Eisenhowers »No« war unwiderruflich. Der General pfiff sogar US-Einheiten wieder zurück, um der Roten Armee Platz zu machen. Die Sowjets wollten selbst die Reichshauptstadt erobern – ihre Siegesbeute. Gleichzeitig drangen sie bis zur Elbe vor.

Bill Robertson vernahm Kampfgeräusche, als er sich Torgau von Westen her näherte. »Wir fuhren auf der Straße, die zur Elbbrücke führte. Schon von ferne hörten wir das Geknatter von Maschinengewehren. Zwei deutsche Soldaten, die wir gefangengenommen hatten, bestätigten, daß die Sowjets gerade dabei waren, Torgau einzunehmen.«

Und was wollte Bill in dieser Situation unternehmen?

»Ich spürte die Verlockung, es auf einen Versuch ankommen zu lassen,

Sie reichten auf der Elbbrücke bei Torgau als erste einander die Hand: Bill Robertson (rechts) und Alexander Silwaschko (unten). Für das historische Foto standen andere Pose.

den Russen zu begegnen. Leider hatten wir keine geeigneten Leuchtpistolen dabei. Für den Fall eines Zusammentreffens war vereinbart worden, daß wir eine grüne Leuchtkugel abschießen, die Sowjets eine rote. Aber wir waren nicht darauf vorbereitet.«

Kein Wunder – denn es gab ja keinen militärischen Befehl zum »Linkup« mit den Sowjets. Ursprünglich wollten nämlich die Generäle beider Seiten das erste Stelldichein für sich verbuchen.

Waren sich Bill und seine Kameraden eigentlich bewußt, daß sie gegen die Order ihrer Kommandeure handelten?

»Das hatten wir in diesem Moment verdrängt. Wir wollten unbedingt Kontakt mit den Sowjets aufnehmen.«

Wir bitten ihn, uns mehr darüber zu erzählen.

»Wir mußten auf uns aufmerksam machen, aber so, daß die Sowjets uns nicht für Deutsche hielten. Der Turm von Schloß Hartenfels [am Westufer der Elbe auf Höhe der Brücke] eignete sich gut als Aussichtsposten. Von dort aus wollte ich Zeichen geben. Wir ›plünderten‹ verschiedene Sorten Pulver aus einer Apotheke und mischten daraus rote und blaue Farbe. Damit bemalten wir ein Laken: ›Stars and Stripes‹ auf weißem Untergrund – und siehe da, die improvisierte Flagge war fertig. Jetzt waren wir sicher, daß man uns nicht für Deutsche hielt. Wir stiegen auf den Turm und schwenkten die Fahne.«

»Und was geschah dann?«

»Genau das, was wir vermeiden wollten. Plötzlich flogen uns Gewehrkugeln um die Ohren. Minutenlang krachten Schüsse. Ich zog es vor, den Turm so schnell wie möglich wieder zu verlassen. Und das war mein Glück, denn wenig später schossen die Russen mit einer Panzerabwehrkanone. Ein Stockwerk des Turms wurde völlig zerstört.«

Alexander Silwaschko blickt ein wenig verlegen drein. Er war es, der den Feuerbefehl gab. »Warum so hitzig, Alexander?«

»Noch kurz zuvor gab es Gefechte mit den Deutschen. Wir wußten nicht, ob sie schon allesamt abgerückt waren. Plötzlich sahen wir die Flagge im Turmfenster. Welche es war, konnten wir beim besten Willen nicht erkennen; also gab ich ›Feuer frei‹. Später tat mir das natürlich leid.«

Heute lachen Silwaschko und Bill Robertson darüber; damals ärgerte sich der US-Leutnant.

»Ich mußte mir etwas anderes einfallen lassen. Wir hatten einen russischen Soldaten im Troß, den wir aus deutscher Kriegsgefangenschaft befreit hatten; der schrie nun mit lauter Stimme über den Fluß: ›Amerikanski, Amerikanski!‹ Diesmal gab es zum Glück kein Gegenfeuer. Wir konnten also riskieren, aus der Deckung herauszugehen. Langsam bewegten wir uns vorwärts, balancierten vorsichtig auf den geborstenen Tragebalken der Brücke. Dann endlich kamen auch die Sowjets aus ihrer Deckung heraus.«

Auch Alexander Silwaschko: »Als ich die Uniformen der US-Armee erkannte, faßte ich den Entschluß, den amerikanischen Kameraden entgegenzugehen. Das waren spannende Minuten. Und dann kam der große Augenblick: Mitten auf der Brücke reichten wir uns die Hände. Es war ein erhebendes Gefühl.«

Für Bill Robertson war dies ein »unbeschreiblicher Moment«. Die Geste symbolisierte einen Wendepunkt in der Geschichte Europas. Von nun an wurden die Geschicke des Kontinents viereinhalb Jahrzehnte von zwei Supermächten bestimmt. Doch die Soldaten an der Brücke bewegten damals andere Gedanken:

»Für uns war wichtig, daß der Krieg endlich vorbei war. Es war ein Gefühl der Befreiung: Endlich würde das Sterben ein Ende haben, der allgegenwärtige Tod. Wir wußten ja nie, ob wir am nächsten Tag noch leben würden. Die Freude war riesengroß, wir fielen uns in die Arme.«

Auch Alexander erinnert sich gern an jene Augenblicke: »Während des ganzen Krieges hatten wir auf diese Begegnung gewartet. Nun war die Zeit für den Frieden endlich reif.«

Delbert Philpotts erste Begegnung mit der Roten Armee war weniger weihevoll, dafür um so impulsiver. »Der erste Sowjetsoldat, der mir begegnete, war eine Frau. Sie stieg aus einem Lastwagen und blickte in meine Richtung. Dann stutzte sie, drehte sich um, verschwand wieder im Führerhaus ihres Lkw. Ich sah, wie sie vor dem Rückspiegel ihre Haare richtete. Kurz darauf stieg sie wieder aus. Ich fand, sie sah genauso aus wie vorher, aber offenbar fühlte sie sich jetzt besser. Sie kam geradewegs auf mich zu. Ich beschloß, sie fest zu umarmen. Aber forsch, wie sie war, kam sie mir zuvor, schlang ihre Arme um mich, gab mir einen Kuß, daß mir Hören und Sehen verging, und wirbelte mich herum. Das war mein erster ›Link-up‹.«

»Es sollte nicht die einzige Begegnung mit der temperamentvollen Russin bleiben – nicht wahr, Delbert?«

»1990 gab es ein Veteranentreffen in Leipzig. Eine Dame zeigte mir ihr Foto von damals. Ich sagte: ›Sie sehen aus wie eine Frau, die mich in Torgau geküßt hat.‹ Und plötzlich begann das gleiche Spiel wie vor fünfundvierzig Jahren: Sie umarmte mich, küßte mich und tanzte mit mir durch den Raum.«

Immer wenn die Veteranen von der Elbe zusammenkommen, gibt es einen Grund zum Feiern. Das Fest jedoch, das am frühen Abend des 25. April 1945 auf den Elbwiesen vor Torgau stattfand, ist und bleibt einzigartig, unwiederholbar, legendär.

»Wir erlebten tolle Stunden in Saus und Braus«, schwärmen die drei Veteranen, »Wodka, Sekt und Schnaps in Hülle und Fülle. Viel geredet haben wir nicht, dafür um so mehr gesungen. Die Russen konnten leider kein Englisch und wir kein Russisch.« Associated Press meldete: »Es war eine Feier wie keine zuvor in diesem Krieg. Eine überschwengliche ›Party‹. Überall US-Boys und Sowjetsoldaten, die sangen, lachten und

Ex-NASA-Professor Delbert Philpott. Einer der »Helden« auf dem Foto mit dem nachgestellten Händedruck.

tanzten. Sooft ein Amerikaner sich einer Gruppe Russen näherte, gab es freundliche Gesten und Händeschütteln. Manche der Soldaten, die deutsche Sekt- und Kognakvorräte ›befreit‹ hatten, waren besonders fröhlich; sie umarmten sich gegenseitig, daß die Rippen knackten.« Spontane Eindrücke von Elbfest Numero eins.

Generäle waren nicht dabei. Sie sollten erst am nächsten Tag zum Zuge kommen. Bill Robertson überlegte sich, wann, wo und wie: »Ich schlug den russischen Kameraden vor, die Begegnung am nächsten Nachmittag hier in Torgau stattfinden zu lassen, auf den Elbwiesen; sie waren damit einverstanden.«

Es war spät geworden am Abend des 25. April, und das US-Quartier befand sich ungefähr vierzig Kilometer weiter westlich.

»Ich wollte, daß uns einige russische Soldaten begleiteten. Die Idee fand großen Zuspruch. Ein Major, ein Hauptmann, ein Sergeant und Leutnant Silwaschko schlossen sich uns an.«

»Wir haben uns sehr darüber gefreut«, erinnert sich der ehemalige sowjetische Leutnant. »Im US-Quartier wurden wir sehr herzlich empfangen. Das Essen schmeckte ausgezeichnet. Man hat auf die Sowjetarmee, das Wohl des amerikanischen und sowjetischen Volkes angestoßen. Bis in die frühen Morgenstunden haben wir gefeiert. Dann machten wir uns auf den Weg, denn am Nachmittag sollte das Treffen der Befehlshaber auf den Elbwiesen stattfinden.«

Ein Fanal für die
Ost-West-Ver-
ständigung, dem
SED-Regime
zum Trotz.
»Elbe-Veteran«
Joe Polowsky
wird in Torgau
bestattet
(November
1983).

Bill Robertson war bei der nächtlichen Feierstunde nicht dabei. Nachdem er Leutnant Silwaschko und seine Begleiter der Obhut höherer Dienstgrade anvertraut hatte, bekam er den geballten Zorn seines Vorgesetzten zu spüren.

»General Reinhardt war stinksauer über unsere Expedition. Die Patrouille hätte den Radius von acht Kilometern nicht überschreiten dürfen. Wir waren schon die dritte Gruppe, die sich nicht an die Weisung gehalten hatte. Wir wurden nicht nur unter Arrest gestellt, man drohte uns sogar mit dem Kriegsgericht.«

Delbert Philpott meint, die Erklärung für das Verhalten des Generals zu kennen: »Als Bill mit den vier Sowjets auftauchte, merkte Reinhardt, daß man ihm die Schau gestohlen hatte. Deshalb kamen Bill und seine Kameraden in den ›Bunker‹.«

Der Beklagte von damals verteidigt seinen Ankläger:

»Ich glaube, Reinhardt hatte Angst, daß man ihm nachsagt, er habe seine Truppe nicht im Griff. Schließlich galt der Haltebefehl, um zu vermeiden, daß Russen und Amerikaner aufeinander schießen.«

Ein kleinliches und albernes Nachspiel eines großen Augenblicks der Weltgeschichte. Aber Bill hatte Glück. Der General des Generals und die Weltöffentlichkeit standen hinter ihm. Vom Korpskommandeur General Hoggis wird berichtet, er habe ganz euphorisch auf die Nachricht aus Torgau reagiert: »Welche Neuigkeit! Ich bin glücklich, meine herzlichsten Glückwünsche! Ich bin froh, daß ihr's geschafft habt!« drang es über den heißen Draht an das Ohr von General Reinhardt. Als schließlich der Oberkommandierende der Westalliierten, Dwight D. Eisenhower, davon erfuhr, gab es kein Halten mehr: »Laßt sie sofort raus!«

Und so wendete sich das Blatt.

»Plötzlich wurde die Tür geöffnet«, erinnert sich Bill. »Scharen von Presseleuten standen schon bereit, um mich über den ›Link-up‹ auszufragen.«

Es war der Weltöffentlichkeit nicht zuzumuten, daß die Helden von Torgau hinter Gittern saßen. Die Begegnung zwischen Robertsons Patrouille und Silwaschkos Vorposten wurde von den Oberbefehlshabern der Alliierten offiziell zum ersten Zusammentreffen erklärt. Die US-Truppenzeitung *Stars and Stripes* posaunte die frohe Nachricht mit der Schlagzeile »Yanks meets Reds« (Yankees treffen auf die Roten) in die Welt hinaus.

Daß der erste »Link-up« in Wahrheit nicht in Torgau stattfand, wurde verschwiegen. Schon Stunden vor Bill Robertson hatte Leutnant Albert Kotzebue (ein Urenkel des deutschen Dramatikers aus dem neunzehnten Jahrhundert) am Westufer der Elbe eine Begegnung mit sowjetischen Soldaten – in der Nähe des Städtchens Strehla. Mit einem Boot setzte die US-Patrouille über den Fluß, kehrte aber erst am kommenden Tag wieder zurück. Die Nacht verbrachten die US-Boys bei den Sowjets. Das brachte sie um ihren Ruhm.

Bill Robertson wußte gar nicht, wie ihm geschah, als man ihn zum Helden kürte. »Mir war klar, daß es Kameraden gab, die schon vor uns auf Sowjets getroffen waren; aber offenbar gab den Ausschlag, daß ich einen lebendigen Beweis – nämlich vier sowjetische Soldaten – mit ins Quartier brachte.«

In der Tat: Die ganze Welt sprach von Torgau und nicht von Strehla. Am 26. April fand auf den Torgauer Elbwiesen die offizielle Feier statt. Die Bilder vom Tage, überwiegend gestellte Posen, sind bekannt: der Aufmarsch der Kommandeure, das Schulterklopfen der Soldaten, das gemeinsame Tänzchen mit polierten Militärstiefeln und so weiter. Es herrschte Harmonie zwischen »Yanks« und »Reds«, als sei die Allianz durch nichts zu erschüttern. Hinzu kam, daß am Tag des ersten Elbtreffens in San Francisco zum erstenmal die Vereinten Nationen tagten. Eine neue Weltordnung zu schaffen, ohne Krieg, lautete der Auftrag der frisch gegründeten Völkergemeinschaft.

War denn vom aufkommenden Kalten Krieg gar nichts zu spüren?

»Damals jedenfalls hatten wir noch keine düsteren Vorahnungen«, meint Bill. »Die Sowjets waren unsere Waffenbrüder; gemeinsam hatten wir gegen Hitlerdeutschland gekämpft und Europa befreit. Nun war Frieden in Sicht; wir wollten alle so schnell wie möglich nach Hause, das ging den Sowjets ebenso wie uns.«

Haben selbst drei Jahrzehnte Ost-West-Schlagabtausch den Geist von Torgau nicht zu erschüttern vermocht?

»Natürlich hatte der Kalte Krieg unser aller Denken beeinflußt«, meint Philpott, »doch den Geist von Torgau, den haben wir immer in Ehren gehalten. Wir haben sowjetische Veteranen in ihrer Heimat besucht, und viele Sowjets kamen zu uns in die USA.«

Silwaschko erklärt uns, was die Veteranen von der Elbe seit Jahrzehnten verbindet: »An jenem 25. April legten wir gemeinsam einen Schwur ab. Wir schworen, alles zu tun, damit es nie wieder zu einem Krieg auf deutschem Boden kommt.«

Dieser Schwur von Torgau ist heute längst Legende. Als Delbert Philpott noch Professor bei der NASA war, wollte er sein Gelöbnis durch ein besonderes Zeichen bekräftigen.

»Ich regte ein amerikanisch-sowjetisches Raumfahrtprojekt an: Laßt uns mit Hilfe der Raumfahrt zueinanderfinden, ein einigendes Band zwischen den beiden Hemisphären spannen. Ich wollte beweisen, daß Ost und West auch konstruktiv miteinander arbeiten können, sofern sie nur wollen.«

Philpotts Vorschlag fand auch auf sowjetischer Seite Zuspruch: Ein hochdekorierter General der Sowjetarmee gelobte feierlich Unterstützung. So fand eine zweite historische Begegnung im Geist von Torgau statt – diesmal überirdisch. »Genau über Torgau – im All«, berichtet Delbert voller Stolz, reichten sich amerikanische und sowjetische Wissenschaftler 1975 die Hände – eine bewegende Geste der Entspannung nach dreißig Jahren.

Ein anderes Beispiel: Joe Polowsky, 1945 Dolmetscher in der von Albert Kotzebue geführten Patrouille, später Taxifahrer in Chicago. Er versuchte in abenteuerlichen Alleingängen die UNO zu bewegen, den Torgauer »Elbe Day« zu einem Tag für Frieden und Völkerverständigung zu erklären. In der frostigen Atmosphäre des Kalten Krieges schien zunächst jede Mühe vergebens. Doch Polowsky ließ nicht locker, mischte sich, wo er nur konnte, in die große Politik ein. Er machte möglich, daß US-Veteranen mitten in das »Reich des Bösen« reisen durften – damals eine politische Sensation, denn private Besuchsdiplomatie solcher Art hatte der Kreml bislang strikt abgelehnt.

Als Polowsky erfuhr, daß er an einer unheilbaren Krankheit litt, äußerte er den Wunsch, in Torgau beigesetzt zu werden. Sein Testament übermittelte er dem Kreml und der Honecker-Regierung – und das 1983, in einem Jahr erheblicher Spannungen! Nach einigem politischen Tauziehen signalisierte Moskau Zustimmung. Joe Polowsky wurde mit allen Ehren in Torgau bestattet, begleitet von Veteranen, Militärs und Diplomaten aus mehreren NATO- und Warschauer-Pakt-Staaten. Für Ost-Berlin war das nur schwer zu akzeptieren. Die DDR-Offiziellen gaben sich alle Mühe, das Ereignis totzuschweigen. Torgaus führende SED-

Genossen bangten offenbar um ihren Seelenfrieden: »Ein zweiter Amerikaner kommt nicht auf unseren Friedhof!«

Doch: »Gegen den Strom der Zeit schwimmen« – das war und ist die Botschaft der Veteranen von der Elbe, damals wie heute.

Die Torgauer blickten voller Stolz auf ihre bislang vier »Elbe Days«. Die Wende im November 1989 verlieh dem Gedenktag einen neuen Sinn. Geschichte für kommende Generationen wachhalten, Zeichen für ein friedliches Miteinander der Völker, für Toleranz und multikulturelle Gesinnung setzen, das will der »Elbe Day« heute – ein hoher Anspruch.

Alexander Silwaschko fallen die treffenden Worte ein, als wir uns von ihm, Delbert und Bill verabschieden: »Die alte Brücke hat viel erlebt. Würde sie reden können, hätte sie uns viel zu sagen. Da Steine nicht sprechen können, müssen wir die Erinnerung wachhalten. Erst recht, wenn sie mal nicht mehr steht, die alte Brücke.«

Volksfest für ein friedliches Miteinander: Gäste aus aller Welt marschieren beim vierten »Elbe-Day« (1993) über die »Friedensbrücke«.

Der
Siegerkuß

Der Siegerkuß

Den Startschuß für die größte Party, die Amerika je erlebt hatte, gab ein Radioreporter. Er hieß Bob Jorb und teilte seinen Hörern folgendes mit: »Die Japaner haben unsere Bedingungen voll akzeptiert. Das wird uns gerade aus dem Weißen Haus in Washington berichtet. Dies, meine Damen und Herren, ist das Ende des Zweiten Weltkriegs!«

Das war am 14. August 1945: Victory Day! Und ganz Amerika geriet in einen Taumel, ungehemmter noch als hundert Tage vorher, als am 8. Mai der Krieg in Europa zu Ende ging. Jetzt erst wußten die Mütter und Frauen, daß ihre Söhne und Männer nicht mehr sterben mußten für ein offenkundig so banales Kriegsziel wie die Invasion von Japan: Frieden!

Doch es war ein Frieden durch die Bombe. Acht Tage vorher war ein Flugzeug nach Hiroshima gestartet, an Bord die erste Atombombe. Um 8.15 Uhr wurde sie ausgeklinkt. Drei Tage später fiel auf Nagasaki eine zweite. Hundertfünfzigtausend Tote zwangen Japan in den Frieden.

US-Präsident Truman hielt eine Rede an die Nation, in der er zu erstaunlichen Schlüssen kam: »Wir haben im größten wissenschaftlichen Glücksspiel der Geschichte zwei Milliarden Dollar eingesetzt, und wir haben gewonnen.« Damit meinte er den Wettlauf mit den Physikern des Hitlerreichs, die freilich, wie wir heute zuverlässig wissen, dieses Rennen um die Bombe nie hätten gewinnen können. Und so betonte der Präsident in gutem Glauben: »Wir haben die Atombombe erfunden und haben sie auch eingesetzt, es ist eine ungeheure Verantwortung auf uns zugekommen. Wir danken Gott, daß sie zu uns gekommen ist und nicht zu unseren Feinden. Wir beten zu Gott, er möge uns leiten, diese Verantwortung auf seine Weise und für seine Zwecke zu gebrauchen.«

Wer durfte da noch Zweifel hegen, daß auch Gott Amerikaner war?

Gewiß nicht jene Hunderttausende zwischen Boston und Los Angeles, die zusammenströmten und ihrer Freude freien Lauf ließen. Das Küssen nahm epidemische Ausmaße an. Keine Frau in »Gottes eigenem Land« war sicher vor einem unverhofften Schmatz vergnügter Soldaten oder Matrosen. Es war wie ein Fieber, ausgelöst durch die unendliche Erleichterung darüber, daß nun das Töten und Sterben ein Ende hatte und man wieder an das Leben denken durfte. Der ungeheure Druck,

unter dem die Menschen jahrelang gestanden hatten, war mit einem Schlag gewichen und machte einer überschäumenden Freude Platz. Die Welt gehörte den Siegern – wenigstens für einen Tag.

Einen Augenblick dieser glückstrunkenen Hochstimmung fing ein Fotograf auf dem Times Square in New York ein: mit einem Foto, das mehr aussagt als ein ganzes Buch. Ein unbekannter Seemann küßt, so scheint es, eine zufällig daherkommende Krankenschwester. In einer leidenschaftlichen, fast akrobatischen Umarmung drückt er seinen Siegerkuß auf ihre Lippen, zupackend und überschwenglich. In einer einzigen Sekundenszene wird die Erleichterung der Welt über das Ende des allgegenwärtigen Sterbens anschaulich.

Der Taumel dieses Tages war nicht besser in Szene zu setzen. Regie führten Zufall und Glück – und der wache Blick des Fotografen.

Bei ihm beginnt unsere Spurensuche: Alfred Eisenstaedt, ein Jahr älter als das zwanzigste Jahrhundert, ein 1935 nach New York ausgewanderter Deutscher, ein preußischer Jude. Eisie, wie ihn seine Freunde nennen,

Grauenvoller Schlußpunkt des Zweiten Weltkriegs: Hiroshima 1945. Die Atombombe zwang Japan zur bedingungslosen Kapitulation.

wuchs in Berlin auf, wurde als Kanonier im Ersten Weltkrieg schwer verwundet, machte sich als »Bildberichter« für die *Berliner Illustrierte* und die Agentur AP Ende der zwanziger Jahre einen Namen, porträtierte Prominente wie Gerhart Hauptmann und Marlene Dietrich – und wurde 1936 einer der fotografischen Gründerväter des Magazins *Life*.

Zweitausend Reportagen hat er seitdem bebildert, darunter über neunzig Titelfotos. Noch immer hat der über Neunzigjährige im vierzehnten Stock des Time-Life-Gebäudes an der 7th Avenue in Manhattan ein winziges Büro. Die fensterlose Kammer ist vollgestopft mit Tausenden von Fotos Prominenter: die Kennedys und Martin Luther King, Sophia Loren und Marilyn Monroe, Thomas Mann und Albert Einstein »at their best« – ohne aufgezwungene Pose. In Eisies Bildern verraten ein paar Stirnfalten hier, ein hochgezogener Mundwinkel dort oft mehr über die Porträtierten, als es wohlgesetzte Worte vermocht hätten.

Sein Geheimnis? »Ich habe viele Menschen fotografiert, die ich mochte, und einige, die ich nicht mochte. Aber ich habe immer versucht, ihre Substanz herauszuholen, sie von ihrer besten Seite zu zeigen.« Es ist diese Grundhaltung der Sympathie, die den Fotojournalisten Eisenstaedt auszeichnet: Einen »sanften Henker« (gentle executioner) nannte ihn einmal Englands Außenminister Antony Eden.

In seinen besten Fotos verdichtet sich die Zeit. Sie sind die Essenz einer Stimmung. Eisenstaedts Genie besteht wohl darin, instinktiv den symbolischen Gehalt des Augenblicks wahrzunehmen und oft sogar vorauszuahnen.

»Bilder«, sagt mir Eisie, »schöne Bilder tauchen spontan auf: Wenn man schnell genug ist, fängt man den Moment ein, bevor er sich für immer auflöst.« Das gilt vor allem für das legendäre Bild »Der Siegerkuß« vom Times Square. Wie entstand es?

»Ich erhielt von *Life* den Auftrag, zum Times Square zu gehen und die Feiern dort abzulichten. Ungefähr fünf oder sechs Fotografen bekamen unterschiedliche Aufträge in verschiedenen Teilen der Stadt. So ging ich mit zwei Leicas und einer Tasche voll mit Filmen zum Times Square. Dort bot sich eine enorme Szenerie von Tausenden und Abertausenden von Leuten, die herumrannten, vor allem von Seeleuten, die überall Küsse verteilten. Alle waren ein bißchen berauscht, und ich fotografierte unentwegt. Ich weiß gar nicht mehr, wie viele Filme ich verschoß. Dann sah ich, wie ein Matrose die Straße runterlief und jedes weibliche Wesen küßte, das ihm über den Weg lief, und auf einmal sah ich, wie er sich etwas Weißes schnappte. Ich wußte nicht einmal, wonach er griff, ob das Mädchen dick oder dünn, klein oder groß war – aber ich löste viermal aus. Dann rannte ich weiter. Eine Reporterin, die mit mir unterwegs war, konnte nicht einmal die Namen der Leute notieren. Um acht Uhr abends brachte ich meine Filme zum Entwickeln. Und am nächsten Tag sagte der Redakteur: ›O Eisie, welch ein wunderbares Foto!‹«

Oben:
Kriegsende im
Pazifik. An
Bord des
Schlachtschiffes
U.S.S. Missouri
unterzeichnet die
japanische Dele-
gation am 2. Sep-
tember 1945 die
Kapitulations-
urkunde.

Links:
Truman zum
Einsatz der
Atombombe:
»Wir danken
Gott, daß sie zu
uns gekommen
ist und nicht zu
unseren
Feinden«.

Und das war es tatsächlich: nicht nur das bis heute meistveröffentlichte Foto von *Life*, sondern viel mehr: eine fotografische Ikone des Jahrhunderts.

Wer aber sind die zwei auf dem berühmten Foto? Diese Frage bewegt Amerika seit über vier Jahrzehnten. »Who is the kissing sailor?« fragte *Life*. Sechsundzwanzig Männer sagten: »Das bin natürlich ich!«

Da war Martin Kingsbury, ein Lehrer aus Lake Beach, der steif und fest behauptete, er sei auf dem Times Square an jenem Tag der einzige gewesen, der so geküßt habe, wie es auf dem Foto für die Nachwelt dokumentiert wird.

Oder Wallace C. Fowler aus Tampa, Florida. Als er seiner Frau einmal gestand, er sei der küssende Matrose gewesen, konterte sie kühl, er möge seine Ammenmärchen anderswo erzählen, denn der Fotoheld sei sichtlich größer. Doch Fowler ist von seiner Identität fest überzeugt: »Das Auge einer Kamera verzerrt doch die Perspektive, oder?«

Viel schlichter sieht der Psychologe Jack Russell den Fall: »Ich grabschte nach Mädchen wie jeder Mann und küßte wild herum.« Sein kritischer Befund, warum nur er der küssende Matrose sein kann: »Meine ungewöhnliche linkshändige Kußschraube.«

Trotz dieser einleuchtenden Begründung müssen wir Jack enttäuschen. Denn wir haben den echten Matrosen gefunden. Er heißt George Mendonsa, lebt in Middletown, Rhode Island, und ist Fischer. Damals war er Marinesoldat.

Wir treffen uns im New Yorker »Marriot-Hotel«, mit exklusivem Blick auf den historischen Tatort. »Also, George, wie war das damals?«

»Wir alle wußten, daß es zurück in den Pazifik gehen würde. Es war meine letzte Nacht in New York, und ich war gerade in der Radio City Music Hall, zusammen mit meiner späteren Frau, als plötzlich Leute draußen an die Türen hämmerten. Da brachen die Veranstalter die Show ab und erklärten, der Krieg sei zu Ende, die Japaner hätten kapituliert.«

»Das muß ein großes Glücksgefühl für Sie gewesen sein.«

»Verdammt noch mal, das war es. Ich war einfach froh, nicht mehr in den Krieg zu müssen. Alle Leute küßten sich. Und als dann plötzlich eine Krankenschwester von links auf mich zukam, muß ich so was Ähnliches gesagt haben wie: ›Die schnapp' ich mir!‹ Und dann packte ich schon zu.«

»Haben Sie die Frau überhaupt richtig anschauen können?«

»Nein, natürlich nicht. Es ging ja alles viel zu schnell. Ich habe sie geküßt und dabei die Augen zugemacht. Deshalb habe ich auch Eisenstaedt nicht gesehen. Über zwanzig Jahre lang habe ich nicht gewußt, daß ein Foto gemacht wurde.«

Von der Existenz des Fotos hat er erst erfahren, als *Life* von Eisenstaedt signierte Exemplare teuer verkaufte – zu einem Preis von viertausend Dollar pro Foto. Das fand der Seemann nicht in Ordnung.

»Als sie begannen, das Foto zu verkaufen, brachte ich die Sache vor

Porträtist eines bewegten Jahrhunderts: Der Fotograf Alfred Eisenstaedt fing mit seiner Kamera den »Siegerkuß« ein.

Gericht, denn ich glaubte, daß sie dazu nicht das Recht hätten, und meine Anwälte sahen das genauso. Per Gerichtsbeschluß habe ich *Life* gezwungen, die anderen drei damals von Eisenstaedt gemachten Fotos der Szene an mich auszuhändigen.«

Die Illustrierte hatte sich dem bis zuletzt verweigert – mit der Begründung, George Mendonsa könne nicht beweisen, daß er der »kissing sailor« sei.

Mendonsa nahm nun seine vier Aufnahmen und wandte sich mit ihnen an Professor Richard Benson von der Yale-Universität. Benson gilt in den USA als der unbestrittene Experte in Sachen Fotoidentifizierung.

»Er analysierte alles, was auf den Fotos zu sehen war – die Größe der Hände, die Tätowierung, die Uniformstreifen –, und verglich es mit einem Fotoporträt von mir aus der damaligen Zeit. Er verglich den Haarstrich, das Ohrläppchen, die Nase – einfach alles.«

George streift seinen Hemdsärmel hoch und zeigt mir seinen Unterarm, der von einem dicken Aderstrang gezeichnet ist: »Das hat Benson besonders markiert. Man nennt es ein Ganglion. Auf den Fotos, die *Life* mir ausgehändigt hat, ist es deutlich zu sehen. Ich besitze heute ein Dokument, ausgestellt und unterzeichnet von Professor Richard Benson, in dem er mich hundertprozentig identifiziert.«

»George, Sie sagten eben, daß Sie mit Ihrer späteren Frau in der Radio City Music Hall gewesen sind. War sie bei Ihrer Kußaktion dabei?«

Eine Nation im Freudentaumel. Die siegestrunkene Menge verwandelte den New Yorker Times Square in einen gigantischen Volksfestplatz.

»Nicht nur das«, erwidert der Seemann. »Sie ist sogar Beweis für meine Identität. Auf dem dritten Foto Eisenstaedts ist sie im Hintergrund zu sehen – in voller Größe.«

In der Tat, da ist sie: Rita Mendonsa. Sie macht lachend gute Miene, was sollte sie auch anderes tun?

»Da begann also gerade die Romanze mit Ihrer späteren Frau, und Sie küssen ein anderes Mädchen?«

George wehrt ab: »Ich kannte meine Frau doch erst seit einer Woche. Irgendwie war es die Aufregung des Tages, da war doch nichts dabei, oder?«

Aber ein schlechtes Gewissen zeigt sich bei ihm dennoch, und als nun auch Rita Mendonsa zu uns stößt, wird klar, warum: Es ist nicht angenehm für eine Frau zu sehen, wie eines der berühmtesten Fotos des Jahrhunderts den Mann ihres Lebens in einer scheinbar leidenschaftlichen Umarmung mit einer anderen Frau zeigt – wenn es mit rechten Dingen zugegangen wäre, hätte sie selbst die Geküßte sein müssen!

Wer aber ist das Mädchen? Auch hier gab es eine Reihe heißer Kandidatinnen. Eine von ihnen, Edith Chain aus Berkeley in Kalifornien, war damals wirklich Krankenschwester in New York, ging am Victory Day den Times Square entlang und wurde natürlich heftig geküßt – wie Hunderte von anderen Frauen auch. Ihr Pech: Mit knapp 1,55 Meter Größe ist sie viel zu klein für Georges Gardemaß von 1,95 Meter – also scheidet sie aus.

Die echte Krankenschwester lebt heute in Baltimore, heißt Greta Friedman und stammt aus Wiener Neustadt. Nach dem sogenannten »Anschluß« Österreichs 1938 emigrierte sie kurz vor Beginn des Zweiten Weltkriegs mit ihrer Familie in die USA. Auch sie haben wir nach New York eingeladen – eine sympathische Frau voller Warmherzigkeit und Ironie zugleich.

Getrennt von George Mendonsa fragte ich sie zunächst, ob das Ende des Krieges, als das wahre Ausmaß des Holocaust aufgedeckt wurde, für sie als emigrierte Jüdin nicht auch einen tragischen Beigeschmack hatte.

»Natürlich war das so. Einige meiner Verwandten sind bei Kriegsausbruch in Österreich geblieben. Wir hofften damals noch, von ihnen zu hören, aber ich wußte noch nicht, daß sie im Holocaust getötet worden waren.«

Mehr reden wir darüber nicht, doch das Wissen um den familiären Hintergrund gibt der euphorischen Szenerie des »Siegerkusses« einen beklemmenden Aspekt.

Und dann – von wegen Krankenschwester!

»Ich war Zahnarzthelferin. Und es war damals üblich, sich wie eine Krankenschwester zu kleiden. Ich trug auch eine kleine weiße Haube, die man allerdings abnahm, wenn man zum Mittagessen ging. Während dieses Morgens kursierten unter unseren Patienten alle möglichen Gerüchte. Sie kamen herein und sagten auch, daß der Krieg zu Ende sei und ähnliches. Schließlich ging ich hinüber zum Times-Gebäude, um zu gucken, was los war. Dort ging eine Leuchtschrift an und aus: ›Sieg über Japan, Sieg über Japan!‹ Und die Menschen fingen an zu feiern. Wildfremde Leute fielen sich in die Arme. Auf der Straße küßte jeder jeden.«

»Und dann kam der küssende Matrose. Waren Sie verwirrt?«

»Ja, das war ich. Zuerst realisierte ich gar nicht, daß jemand nach mir griff, es geschah sehr plötzlich, und ich versuchte, mich zu befreien. Und dann küßte er mich auch noch!«

»Wollten Sie ihm überhaupt entkommen?«

»Aber natürlich! Denn das Ganze war doch sehr befremdlich!«

Daß ein Bildreporter, gar noch der berühmte Eisenstaedt, sie im Augenblick des Kusses fotografiert hatte, war ihr nicht bewußt gewesen – wie auch? Doch was bewegt sie heute beim Betrachten dieses Bildes?

»Es spiegelt einen besonderen Augenblick im Leben. Das Bild wurde ein Symbol für den Frieden. Sehen Sie, es ist schön, Teil dieses Fotos zu sein.«

Besser läßt es sich nicht sagen.

Nun arrangieren wir ein Wiedersehen von George und Greta auf dem Times Square an genau derselben Stelle. Beide freuen sich auf die Begegnung. »Wirklich jetzt?« fragt Greta aufgeregt. Dann gehen die beiden aufeinander zu und sagen eher verlegen »Hi« und »Great to see you again« – was man in solchen Fällen eben sagt.

»Das ist verdammt lange her«, meint George. »Ich hatte ein paar Drinks genommen, aber blau war ich bestimmt nicht.«

»Würden Sie sich heute anders verhalten?« fragt Greta neckisch.

»Aber sicher«, behauptet George. »Heute bin ich mehr ein Gentleman. Ich hätte auch gar nicht mehr den Mut dazu.«

Befriedigt nickt Rita Mendonsa, die mit Argusaugen ihren George bewacht. Dieser erzählt weiter: »Das war die Aufregung damals. Heute gäbe es keinen Grund, und ich würde einfach vorbeilaufen. Alle waren sie erregt, ich war Soldat, und es war schlicht und einfach schön zu wissen, daß der verdammte Krieg vorbei war.«

Dann aber merkt er, daß das gegenüber Greta nicht gerade galant ist, und er versucht, im letzten Augenblick die Kurve zu kriegen, wobei ich ihm gerne behilflich bin: »Würden Sie sie heute noch einmal küssen?«

»Aber sicher«, räuspert sich der ehemalige Seemann, beugt sich zu Greta und drückt ihr einen dicken Schmatz auf. So schließt sich der Kreis.

Zum Schluß will ich von George noch wissen: »Warum ist es Ihnen eigentlich so wichtig, der küssende Seemann zu sein?«

George blinzelt ein bißchen. »Eisenstaedt verlangt pro handsigniertes Foto viertausend Dollar. Aber meine Unterschrift ist doch noch mehr wert, oder?« Das kann ich nicht bestreiten, und so lasse ich mir vorsorglich von ihm »sein« Foto signieren. Auch ich habe Kinder, die versorgt sein wollen.

»Drei Fotos habe ich bis jetzt verschenkt. Du bist der Dritte«, sagt George. »Das erste hat die First Lady Barbara Bush erhalten, das zweite eine *Life*-Redakteurin, die mich heimlich für den echten ›kissing sailor‹ hält, obwohl sie es ja offiziell nicht tun darf. Und das dritte hast jetzt du.«

Eine Kapitalanlage also! Da lasse ich die beiden Damen rasch auch handsignieren, die Geküßte und die Ungeküßte. Ein solches Foto hat nicht einmal George. Alle drei Unterschriften auf dem Foto des Jahrhunderts – also bitte, das ist wirklich eine Kapitalanlage.

*Links:
Neuauflage der »historischen« Begegnung auf dem Times Square: George Mendonsa und Greta Friedman heute.*

Mythos Marilyn

Die Erinnerung der Männer an den Augenblick, als sie erschien, gerinnt zu einem Wort: »Wow!«

»Wow«, sagte der Klavierspieler, der sie bei ihren Auftritten vier Tage lang begleitete.

»Wow«, sagte der Fotograf, der sie dort auf der Bühne nach Kräften ablichtete.

»Wow«, sagte der Soldat, der in der zweiten Reihe saß und teilnahm an dem kollektiven Delirium von Zehntausenden.

Das inzwischen legendäre Ereignis fand gleich nach dem Valentinstag 1954 statt, im gerade geteilten Korea, kurz hinter der Waffenstillstandslinie, und alles drehte sich nur um sie: Marilyn Monroe.

Sie stand damals auf dem Gipfel ihres Ruhms – nach Jahren, in denen sie sich ihr Brot schon mal als Edeldirne in den Seitenstraßen des Sunset Boulevard verdienen mußte: eine frühe »Pretty Woman«. Aber das war jetzt vorbei.

Eigentlich war Marilyn auf Hochzeitsreise. Aber was für Flitterwochen sind das, wenn die Braut so nebenbei Tausenden von Männern den Kopf verdreht?

Die Medien hatten den am 14. Januar 1954 in San Francisco geschlossenen Lebensbund zwischen Marilyn und Joe DiMaggio als »Hochzeit des Jahrhunderts« gefeiert. Und es war auch wirklich etwas Besonderes: Der beliebteste Baseballstar, den Amerika je hatte, heiratete den Darling des amerikanischen Filmpublikums. Joe wollte Marilyn als Ehefrau für sich allein haben. Doch Marilyn gehörte der ganzen Welt.

Sie paßten zusammen wie Feuer und Wasser. Das zeigte sich schon bei der Hochzeit, die, wäre es nur nach DiMaggio gegangen, in aller Stille stattgefunden hätte. Doch im dritten Stock des Rathauses von San Francisco gab es eine unprogrammgemäße Verzögerung, als die anwesenden Amtspersonen feststellten, daß keine Schreibmaschine da war, um den Trauschein auszufüllen. Das kam Marilyn gelegen. Sie zog sich in den Nebenraum zurück, ohne Joe, und führte rasch noch eine Reihe »wichtiger« Telefongespräche: Es galt, den Pressechef der Filmgesellschaft FOX von ihrer Hochzeit zu unterrichten, die äußerst einflußreiche Klatschkolumnistin Louella Parsons zu informieren, der Journalistin Kendry

Rochlan ihren derzeitigen Seelenzustand zu beschreiben und und und. Als endlich eine halbe Stunde später eine Schreibmaschine aufgetrieben war, hatte Marilyn erreicht, was sie wollte: Rund fünfhundert erwartungsvolle Menschen versammelten sich auf dem Platz vor dem Rathaus; Reporter spähten durchs Fenster. Wußte Joe, daß er ein süßes Monster ehelichte?

Marilyn unterschrieb die Heiratsurkunde wahrheitsgemäß mit Norma Jean Mortenson Bougherty, gab ihr Alter aber fälschlich mit fünfundzwanzig an. Sie war achtundzwanzig. Die Braut versprach, DiMaggio »zu lieben, zu ehren und zu schätzen«, ihn und nur ihn, aber nicht, ihm »untertan zu sein« – wozu sie eigentlich laut Text verpflichtet war.

Nach der Trauung fragten die allgegenwärtigen Reporter den Bräutigam, was er und die Braut als nächstes zu tun gedächten. »Was glauben Sie denn?« antwortete DiMaggio. So geschah es. Das Paar reiste dreihundert Kilometer Richtung Süden und verschwand für fünfzehn Stunden in einem billigen Motel (für vier Dollar die Nacht). Dort hängt heute immer noch ein Messingschild: »Hier schliefen John und Marilyn.«

Doch sie schliefen keine Minute, wie Marilyn der schon erwähnten Louella Parsons später gestand. »Wenn es nur *danach* gegangen wäre«, seufzte die Mimin, »dann hätte ich mit Joe nie Probleme gekriegt.«

Aber die Probleme standen schon vor der Tür: Im zweiten Teil der Flitterwochen flogen die DiMaggios nach Japan. Eigentlich war das vom Bräutigam als »Dienstreise« geplant. Schon lange vor der Hochzeit hatte er seinem alten Freund und Baseballvorbild »Lefty« O'Doul versprochen, ihn auf seiner Werbetour durch Japan zu begleiten. Zwei Jahre vorher hatte Joe, angefeuert vom Schlachtruf »Banzai DiMaggio«, in Tokio sein letztes Baseballspiel bestritten. Neben General MacArthur galt er in Japan als der mit Abstand bekannteste Amerikaner. Strenggenommen war dieser wenig romantische Abschluß der Flitterwochen eine von der Zeitung *Yomiuri Shimbun* finanzierte Werbetour zur Eröffnung der japanischen Baseballsaison.

Beim Abflug in San Francisco war die Welt für Joe DiMaggio noch in Ordnung gewesen. Kay Patterson, Korrespondentin von *Yomiuri Shimbun* in Kalifornien, hatte das Paar an Bord der Pan-Am-Maschine gebracht. Sie berichtete: »Joe sah aus, als fühle er sich sehr wohl – er war ein ganz großes Tier in San Francisco –, und Marilyn machte einen verzauberten Eindruck, völlig verknallt, sie sah ihn verliebt an: Natürlich spielte sie die zweite Geige.«

Das sollte sich bald ändern. Bei der Zwischenlandung in Honolulu stürmten Tausende von enthusiastischen Hawaiianern den Flugplatz. Ihre Begeisterung galt nicht dem Baseballstar, sondern seiner Angetrauten, die noch in San Francisco tapfer in die Mikrophone der Reporter gehaucht hatte: »Von jetzt an bin ich nur noch Ehefrau von Joe.«

Von wegen. Die Fans auf Hawaii zerrten an Marilyns Kleidern und Haaren, phantasievolle Berichterstatter wollten gar gesehen haben, wie man ihr ganze Haarbüschel ausgerissen habe. So schlimm war es zwar nicht, aber es fehlte nicht viel daran. Unter Begleitschutz wurde das Ehepaar in die Flughafenlounge gelotst, wo man dem verstörten Star versprach, daß es in Japan ganz gewiß zivilisierter zugehen werde. Doch das Gegenteil trat ein. Die kollektive Erregung in Tokio steigerte sich beim Anblick des Hollywoodstars zu einer Art Massenpsychose. Joe blieb zu seinem Verdruß fast unbeachtet, während sich Tausende von Fans schon auf dem Flugplatz um Marilyn drängten. Auch die vierzehn Kilometer lange Strecke in die Innenstadt war dicht gesäumt von jubelnden Japanern, die ständig »Monchan« riefen, das japanische Wort für »kleines Mädchen«. Am »Imperial-Hotel« versuchten zwei Hundertschaften der Polizei rabiat, aber vergeblich, Ordnung zu schaffen, während Marilyns Verehrer im tumultartigen Gedränge in Zierteiche fielen, sich in Drehtüren einklemmten oder Schaufensterscheiben zerbrachen, alles unter verzweifelten »Monchan-Monchan«-Rufen.

Endlich erlöste Marilyn die Massen. Sie erschien. Zwar liebe sie ihr Publikum, erklärte sie, doch käme sie sich angesichts der öffentlichen Hysterie so vor »wie ein Diktator aus dem Krieg«.

Als DiMaggio im Hotel versehentlich mit »Mr. Monroe« angeredet wurde, war er endgültig beleidigt. Zu allem Überdruß war auch noch eine Pressekonferenz zu überstehen, in der ihn zweihundert japanische Reporter geradezu links liegenließen und statt dessen Marilyn mit dummen Fragen bombardierten. Ob sie dem Kinsey-Report zustimme? »Nicht in vollem Umfang.« Ob sie Unterwäsche trage? »Ich kaufe mir morgen einen Kimono.« Seit ihrer Eheschließung trug sie übrigens Unterwäsche. Ob ihr Gang natürlich sei? »Ich laufe seit dem sechsten Monat.« Nichtsdestotrotz firmierte Marilyn in Tokios Zeitungen fortan als »Ehrwürdige hinternwackelnde Schauspielerin«.

»Kann sein«, befand ein ortskundiger Fachmann, »daß die Japaner als Ergebnis des Besuches zwar ihre Unterwäsche nicht ablegen werden, weil es dafür viel zu kalt ist, aber ich zweifle nicht daran, daß sie bald anfangen werden, mit ihren eigenen Hintern zu wackeln.«

Zwar behauptete Joe vor der Presse noch tapfer: »Es macht mir nichts aus, die zweite Geige zu spielen. Dafür ist sie meine Ehefrau.« Doch in Wahrheit dachte er anders. Um die Peinigung noch auf die Spitze zu treiben, fragte ein General der US-Army das Ehepaar: »Was hielten Sie davon, bei unseren Soldaten in Korea aufzutreten?«

»Ich würde das gerne tun«, erwiderte DiMaggio. »Doch ich glaube nicht, daß ich die Zeit dazu habe.«

»Ich habe nicht Sie gefragt«, erklärte der General, »sondern Ihre Frau.«

»Sie kann tun, was sie will«, antwortete der leicht konsternierte Joe, »es ist ja schließlich ihre Hochzeitsreise.«

Das »Traumpaar« DiMaggio in Tokio. Der Ehemann blickt finster drein, denn an die »Front« fliegt seine Frau allein.

Seine war es freilich auch. Er stand nun vor der undankbaren Wahl, gleichsam als »Mr. Monroe« mitzureisen, was ihm den Rest gegeben hätte, oder als Strohwitwer in Tokio zurückzubleiben und sich über ihre Abwesenheit zu grämen. Joe entschied sich für letzteres, und Marilyn sagte für Korea zu. Es sollte das Erlebnis ihres Lebens werden.

Im zweigeteilten Korea war der Waffenstillstand nicht einmal ein Jahr alt, noch immer wachten beiderseits des 38. Breitengrades Hunderttausende von Soldaten über seine Einhaltung. Das war eher frustrierend – was hätte also die GIs mehr aufmuntern können als die Begegnung mit Amerikas aufregendster Frau?

Für Marilyn war ausschlaggebend, daß ihr Auftritt in Korea als patriotische Tat deklariert werden konnte. Würde sie nicht jetzt in die Annalen eingehen, Seite an Seite mit so berühmten Frontdiseusen aus dem Zweiten Weltkrieg wie Marlene Dietrich? So flog sie denn von Seoul aus an die Front. Dort lag die Erste Division der Marines in Winterstellung und wartete auf Marilyn.

Marilyn bat den Hubschrauberpiloten, ganz niedrig über die Soldaten hinwegzufliegen. Dann beugte, nein, hängte sie sich hinaus und warf den johlenden GIs Kußhände zu. Die Wirkung war entsprechend: Die gesamte Erste Division geriet derart in Aufregung, daß sie das Flugfeld stürmte, auf dem schon Schilder warnten: »Fahr vorsichtig, das Leben, das du rettest, könnte das von Marilyn Monroe sein!«

Vier Tage tourte Marilyn durch Korea – per Hubschrauber, Flugzeug und Jeep – und trat vor über hunderttausend kriegsmüden, ansonsten aber höchst lebendigen Männern auf. Die meisten hatten noch nie einen Film mit der Monroe gesehen, denn sie waren ständig an der Front gewesen, seit Marilyn zum Star geworden war. Doch sie kannten von ihr Fotos aus Kalendern, Zeitungen und Illustrierten. Zwei Monate zuvor war der allererste *Playboy* in Los Angeles erschienen – mit Marilyn auf dem Titelblatt.

Al Guastafeste, Pianist im Dienst der US-Army, war dazu auserkoren worden, Marilyn mit seiner Band »Anything Goes« zu begleiten. Die Begegnung mit dem Star war für Al, so sagt er heute, »der Höhepunkt meines Lebens«. Es hat ihn so gepackt, daß er auf seine alten Tage noch ein Buch darüber schrieb: *A different view of Marilyn*. Leider hat es kein Verleger angenommen. Wieso nicht? »Wahrscheinlich, weil ich nicht mit Marilyn geschlafen habe. Wenn ich das geschrieben hätte, hätten sie es genommen.« Diese Verleger!

Wir verdanken Al die minutiöse Schilderung der Koreatour und sind somit in der Lage, hier einige Legenden zu enthüllen, denen prominente Monroe-Biographen aufgesessen sind – denn einer hat vom anderen abgeschrieben.

Marilyn hat demnach in Korea nie, nie, nie »Do it again« gesungen! Zu schön, um wahr zu sein, ist die Geschichte von dem Offizier, der

Auf der Fahrt zu ihrem großen Auftritt. Zigtausenden GIs verdreht Marilyn den Kopf.

eingegriffen habe, weil der Song »zu schlüpfrig« sei, worauf Marilyn vergebens reklamierte, daß immerhin der große George Gershwin dieses Lied geschrieben habe, schließlich aber doch ergeben den Refrain veränderte: statt »Do it again« nun das puritanisch gerade noch zulässige »Kiss me again«.

»All das ist Schwindel«, sagt Al, und er muß es ja wissen. Marilyn hat in Korea drei Lieder gesungen, immer wieder, und nur die: »Diamonds are a girl's best friends«, »Somebody loves me« und »Bye bye, baby«. »Do it again« habe sie schon deshalb nicht gesungen, gesteht Al, »weil wir dieses Lied überhaupt nicht spielen konnten«. Denn sie mußten üben. Marilyn war schließlich keine Profisängerin. Sie war eine singende Schauspielerin, die Mikrophone und Lautsprecher benötigte. »Aber dann«, sagt Al, »begann der Zauber. Sie mußte nicht gut singen können. Sie stand einfach da und hauchte, zirpte, trällerte und stöhnte.«

War Al verliebt in Marilyn? »Natürlich war ich das, wir alle waren es. Wissen Sie, sie hatte keine Starallüren. Sie war die Marilyn Monroe. Das schien ihr aber gar nicht bewußt zu sein. Wenn sie einen Fehler machte, dann entschuldigte sie sich sofort. Und wenn ich mal einen Fehler machte, dann entschuldigte sie sich auch.« Im übrigen sang Marilyn verrucht und keusch, ganz wie der Liedtext es verlangte, aber immer mit naiver Unschuld und mit einem sexy Unterton.

Um Mißverständnissen vorzubeugen: Marilyn war keine zartbesaitete Madonna. Wer die Besetzungscouch von Hollywood überlebt hat, der muß hart im Nehmen sein. Hinter den Kulissen liebte Norma Jean drastische Ausdrücke. »Als wir ›Somebody loves me‹ übten«, erinnert sich Al, »fand Marilyn mein Klavierspiel zu ›klassisch‹.« Und so beugte sie sich hinunter zu Al und flüsterte ihm zu: »Spiel das jetzt so wie ein Klavierspieler im Puff.« Er tat es.

Auf diese Weise gerüstet, trat die Monroe vor die Jungs der Ersten Division. Das Publikum raste schon vor ihrem Auftritt vor Begeisterung. Minutenlang war auf der Bühne nichts zu hören als das ohrenbetäubende Gebrüll von sechzehntausend Männern, die schon lange keine blonde Frau mehr gesehen hatten. Und nun der magische Moment: Vor ihren Augen schälte sich eine Göttin aus olivfarbenen Kampfhosen. Bei bitterer Kälte stand sie plötzlich da: mit funkelnden Ohrringen, in einem hautengen blauvioletten Kleid! Beim Singen hauchte Marilyn kleine Atemwölkchen in die eisige Luft, bei minus zwei Grad holte sie sich eine ausgewachsene Erkältung. Am Ende der Tournee hatte sie fast vierzig Grad Fieber, aber niemals wäre sie der Versuchung erlegen, ein wärmeres als dieses ausgeschnittene Nichts von einem Cocktailkleid zu tragen, gehalten von zwei hauchdünnen Spaghettiträgern, aufgeputzt mit falschen Diamanten, die beim »Diamonds«-Song verführerisch glitzerten. Sie behielt es als Erinnerung bis ans Ende ihres Lebens.

Dem Journalisten Ben Hecht erzählte sie nach der Tournee: »Es hatte

*Die »Göttin« auf
der Bühne. Auch
für die Begleit-
band »Anything
Goes« der
schönste Augen-
blick.*

zu schneien begonnen. Aber mir war so warm, als schiene die Sonne. [...]
Ich habe eigentlich immer Angst vor dem Publikum – egal, vor welchem.
Mein Magen krampft sich zusammen, mein Kopf ist wie benebelt, ich
habe Angst, daß mir die Stimme versagt. Aber als ich dort vor den
johlenden Soldaten stand und die Schneeflocken mich umtanzten, hatte
ich zum erstenmal in meinem Leben vor nichts Angst. Ich war nur noch
glücklich.«

Lassen wir noch ein paar weitere Augenzeugen dieses denkwürdigen
Ereignisses zu Wort kommen. Ted Cieszynski, Fotograf bei der Armee,
saß in der ersten Reihe: »Es war nicht so, als erfülle sie nur eine
Verpflichtung, und es war ganz gewiß auch keine Eigenpropaganda. Von
allen Bühnenstars, die zu uns nach Korea kamen, und es waren immerhin ein halbes Dutzend, war sie die Beste. Sie war überhaupt nicht nervös, und sie kam einem auch nicht vor wie ein dummes Blondchen. Als
ein paar von uns nach ihrer Show auf die Bühne klettern durften, war sie
sehr freundlich und entgegenkommend, und sie versicherte uns, wie
sehr sie sich freue, bei uns zu sein. Sie nahm sich viel Zeit, erkundigte
sich nach unseren Familien, woher wir kämen und welche Zivilberufe
wir hätten. Es war furchtbar kalt, aber sie hatte es überhaupt nicht
eilig, uns zu verlassen. Marilyn war eine großartige Entertainerin. Sie
gab Tausenden von GIs das Gefühl, daß sie Anteil an ihrem Schicksal
nahm.«

Und der AP-Fotograf George Sweers ergänzt: »Als sie auf die Bühne kam, wurden die Jungs geradezu wild. Sie sah einfach wundervoll aus. Die Jungs schrien und stöhnten. Es war wie ein Liebesakt. Man merkte ihr an, daß sie die Jungs ernst nahm und sich bei ihnen wohl fühlte. Sie war ein Star, aber sie gab sich nicht so; jeder, der sie knipsen wollte, durfte sie knipsen. Sie war einfach göttlich. So wie sie war keine. Ich bin sicher: All die Jungs werden bis ans Ende ihrer Tage davon sprechen, wie es war, als Marilyn Monroe zu ihnen kam.«

Und nun noch einmal Al Guastafeste: »Als Marilyn im Lied ›Diamonds are a girl's best friends‹ zur Zeile kam ›These rocks don't loose their shape‹, hielt sie die offenen Hände so unter ihre Brüste, daß die Jungs genau verstanden, welche ›rocks‹ gemeint waren. Sie lagen ihr zu Füßen. Marilyn vertrat in diesem Augenblick alle Frauen dieser Welt. Für die einen war sie Frau oder Freundin, für die anderen Schwester.«

»Alles wollen wir dir gerne glauben, Al, nur die ›Schwester‹ nicht!«

»Als sie ›Somebody loves me‹ sang«, fährt Al fort, »waren die Jungs wie von Sinnen. Sie spielte da das arme kleine Mädchen, das nicht wußte, wer es liebt, und die Jungs schrien sich die Seele aus dem Leib: ›Ich, Marilyn, ich liebe dich!‹ Die Ordner hatten eine Menge zu tun, um die Jungs von der Bühne fernzuhalten. Als sie am Ende ›Bye bye, baby‹ sang, da fühlte sich natürlich jeder angesprochen. Jeder war ihr Baby, und Marilyn war das Baby eines jeden GIs. Ich bin sicher: Wenn Chinesen und Nordko-

Sie sind noch immer Fans: die Augenzeugen Michael Liccardi (links), der die M. M. damals filmte, und George Sweers (rechts), der das berühmte Foto schoß.

reaner Marilyn gesehen hätten, hätten sie sich gleich bedingungslos ergeben. So muß man Kriege führen!«

Originalton Marilyn: »Ich hatte das Gefühl dazuzugehören. Zum erstenmal in meinem Leben spürte ich, daß die Menschen, die mir zusahen, mich akzeptierten und mich liebten. Das ist es, glaube ich, was ich mir immer gewünscht habe.«

Natürlich war das ein grandioses Mißverständnis. Gewiß, die Monroe wollte nicht nur Sexidol sein, sondern eben auch geachtet werden, nicht nur begehrt, sondern auch geliebt. Aber seien wir doch ehrlich: Die Tausende von jungen Männern in der Eiseskälte von Korea hätten dieses funkelnde Objekt ihrer Begierde am liebsten gleich hinter der Bühne vernascht, wie Michael Liccardi, ein weiterer Augenzeuge, ohne weiteres zugibt: »Ich hätte eine Menge Geld für eine Nacht mit Marilyn gegeben. Aber leider war sie ja immer von irgendwelchen Offizieren umringt.«

Filmaufnahmen zeigen, daß sich Marilyn an ihrer eigenen Show berauschte, die Begeisterung der Männer in vollen Zügen genoß. Ihrer Freundin Amy Green gestand sie später, daß ihr nach Korea Menschenmengen keine Angst mehr einflößen würden: »In meinem Herzen hatte ich mich vorher nie wie ein Star gefühlt. Doch jetzt war es so wundervoll hinunterzuschauen, und alle Burschen lächelten dich an.«

Joe DiMaggio fand die Frontnachrichten aus Korea gar nicht zum Lachen. Als eine hilfsbereite Fernmeldetruppe Marilyn ein Telefongespräch mit ihrem Ehemann vermittelte, wurde dieses über Lautsprecher während einer Dinnerparty übertragen, an der die Mimin teilnahm. Als sie vor vollem Haus ihren Gatten fragte: »Liebst du mich noch, Joe? Fehle ich dir?« kam als Antwort aus dem Hörer nur das Knacken und Rauschen der Leitung.

Aber Marilyn war glücklich. Als sie am Ende ihrer Reise einen Armeehubschrauber bestieg, winkte sie den Soldaten freundlich lächelnd zu und rief: »Das war das Schönste, was mir je passiert ist. Auf Wiedersehen, ihr alle. Gott schütze euch. Vielen Dank, daß ihr so nett wart. Denkt ab und zu an mich!« Und die Soldaten schwenkten ihre Mützen und jubelten ihr zu.

Zurück in Tokio, wollte Marilyn den Ehemann an ihrer Freude teilhaben lassen: »Es war einfach wunderbar, Joe! Weißt du, wie das ist, wenn dir Zehntausende zujubeln?«

»Doch, das weiß ich«, erwiderte DiMaggio. »Bei mir waren es fünfundsiebzigtausend.«

Erstes Fazit: Die Reise nach Korea gab der Ehe den entscheidenden Knacks. Acht Monate später wurde sie geschieden.

Zweites Fazit: Ein offizieller Report der US-Army stellte fest, daß nichts die Moral der Truppen in Korea so gestärkt habe wie der Besuch von Marilyn Monroe.

Drittes Fazit: Korea war vielleicht der schönste Augenblick im Leben

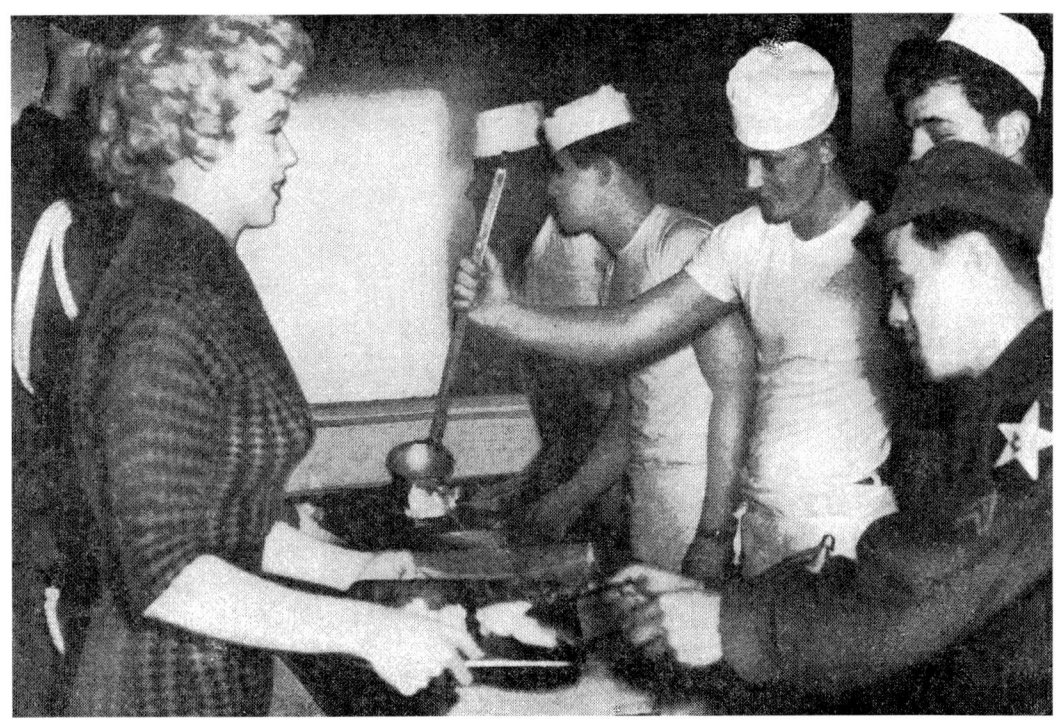

der Marilyn Monroe. Hier wurde ihr zum erstenmal bewußt, was in ihr steckte, wer sie war und wie sie wirklich sein wollte: nicht Mrs. DiMaggio, sondern die geliebte und verehrte Marilyn Monroe. Sie war so gut wie nie zuvor, weil sie sie selbst sein durfte. Keiner sagte ihr, wie sie zu sein hatte. Sie gab sich so, wie sie war, und sie war atemberaubend. So gesehen war der Auftritt in Korea nicht nur Scheideweg für Norma Jean DiMaggio, sondern auch der Höhepunkt in Leben und Laufbahn der Marilyn Monroe: ein magischer Moment, der nicht zu wiederholen war.

Auch beim Essen umringt von GIs: »Ich hatte das Gefühl, dazuzugehören.«

Die Heimkehr

Die Heimkehr

Am 9. Oktober 1955 traf Roswitha endlich den Mann, den sie schon lange kannte, aber noch nie gesehen hatte. Er hieß Karl und war von Beruf Zimmermann, doch auf dem Foto, das die Elfjährige immer bei sich trug, posierte er im Feldgrau der Wehrmacht. So hatte Karl 1936 ausgesehen, und die Mutter erzählte oft von seinem letzten Heimaturlaub im Juli 1944 und daß der Obergefreite auf der Rückreise zur Front in Gefangenschaft geraten sei. »Eines Tages wird er wiederkommen«, machte die Mutter sich und ihrer Tochter Mut. Aber konnte sie tatsächlich noch daran glauben, elf Jahre und drei Monate nachdem sie ihn zum letztenmal in die Arme geschlossen hatte?

Die Zeit reißt Wunden: Zehn lange Jahre nach dem Zusammenbruch Hitlerdeutschlands wartete Minna Wawrzinek noch immer auf ihren Mann. Hinter ihr lagen zehn Jahre immer wieder enttäuschter Hoffnungen und banger Fragen: Lebt er noch? Karl Wawrzinek lebte zwar – doch was war das für ein Leben? Es war Überleben hinter Stacheldraht, in sibirischen Lagern, schikaniert von Politoffizieren, ausgemergelt vom Hunger, geschwächt von der harten Arbeit im Kohlewerk, gelähmt von Temperaturen bis minus vierzig Grad. Die westlichen Alliierten hatten bis 1948 ihre Kriegsgefangenen freigegeben, bis 1950 waren auch die meisten aus sowjetischer Haft entlassen worden. Doch zehntausend weitere Kriegsgefangene mußten noch im Sommer 1955 in den Gulags zwischen Kiew und Kamtschatka für Hitlers mörderischen Feldzug büßen.

Sie waren die letzten von einst 3,2 Millionen deutschen Kriegsgefangenen der UdSSR – und hinter jedem dieser Männer stand eine Familie, standen Eltern, Frauen und Kinder. Wie Karl Wawrzinek waren 1949 und 1950 rund siebenundzwanzigtausend Gefangene in stalinistischen »Kriegsverbrecherprozessen« binnen weniger Minuten zu fünfundzwanzig Jahren Arbeits- und Besserungslager verurteilt worden. Immerhin: Seit November 1950 durfte er wieder nach Hause schreiben, ihn erreichten Postkarten, Briefe und Pakete aus der Heimat. »Auf seinen Karten«, sagt die heute einundsiebzigjährige Minna Wawrzinek, »war aber vieles durchgestrichen, so daß ich immer nur zu lesen bekam: ›Ich bin am Leben, ich bin gesund, hoffentlich komme ich bald nach Hause.‹« Seit

Kriegsende nährten die russischen Lagersoldaten seine Sehnsucht nach Heimkehr mit der verheißungsvollen Formel »skoro damoj« – »bald nach Hause«. Es ging Wawrzinek wohl wie seiner Frau: »Wirklich daran glauben konnte ich damals schon nicht mehr.«

Und dennoch: Sobald der deutsche Rundfunk die Ankunft neuer Kriegsgefangener aus der Sowjetunion meldete, schwang sie sich auf ihr Rad, um in das eineinhalb Stunden von Göttingen entfernte Durchgangslager Friedland zu fahren, die Zwischenstation für vom Krieg entwurzelte Menschen, die aus dem Osten kamen. »Will jemand ein Buch schreiben über alles, was groß sein kann in einem Menschen«, schrieb damals das *Hamburger Abendblatt*, »der fahre nach Friedland und sehe diese Frauen.« Eine von ihnen war Minna Wawrzinek. Wie Hunderte anderer Frauen hielt sie mit einem Foto und der letzten Feldpostnummer des Vermißten hier Ausschau nach ihrem Mann – und war jedesmal eine Spur verzweifelter, wenn sie unverrichteter Dinge zu ihren vier Kindern zurückkehrte und sich von ihrem Vater anhören mußte: »Siehste, ich wußte es doch, daß er nicht dabei ist.«

»Es war furchtbar zu sehen, wie andere ihre Männer und Väter wiederfanden und man selbst allein nach Hause fuhr. Aber ich habe mir gesagt: ›Ich gebe nicht auf! Ich fahre wieder hin, immer wieder!‹«

Zehn Jahre lang ging das so, bis im Herbst 1955 etwas geschah, was ihr wie ein Wunder vorkam. Plötzlich standen die Chancen für ein Wiedersehen so gut wie nie zuvor. Die Sowjetunion, hieß es, gebe die letzten Gefangenen frei. Transporte nach Friedland wurden angekündigt. Und sie sollten aus den acht Lagern im Raum Swerdlowsk hinter dem Ural kommen. Dort war auch Karl Wawrzinek interniert. Hoffnung keimte auf – wieder einmal. Wieder vergebens?

Der 9. Oktober 1955 war in Friedland ein strahlend schöner Sonntag: Tausende warteten angespannt auf die Ankunft von sechshundert Kriegsgefangenen. Schon in den frühen Morgenstunden hatte man ihr Gepäck auf einem Lastwagen in das Lager gebracht, doch es sollte vierzehn Uhr werden, bis sich endlich auf der Landstraße am Hang siebzehn Busse näherten. Auf dem Empfangsplatz, in der vordersten Reihe, beobachtete Roswitha zusammen mit ihrer Mutter, Opa Wilhelm und Oma Lina, wie sich der erste mit Girlanden geschmückte Bus langsam seinen Weg durch die Menge bahnte. Voller Erwartung richteten sich die Blicke der Wartenden auf die Gesichter der Heimkehrer. Als der Bus an Roswitha vorüberfuhr, zupfte die Mutter sie plötzlich am Arm und rief ihr aufgeregt zu: »Da, unser Vati!«

Der Mann hinter dem Busfenster zuckte ebenfalls überrascht zusammen. Tatsächlich, es war Karl Wawrzinek! Zum erstenmal sah Roswitha durch die Scheiben des Busses ihren Vater. Dann stand er vor ihr: achtunddreißig Jahre, bleich, aufgeschwemmt, aber insgesamt wohlauf.

In diesem Moment entstand das berühmte Foto: Bang blickt Roswitha, umgeben von Mutter und Großmutter, zu dem Fremden in der russischen Wattejacke auf. Die Hände des Großvaters liegen schützend auf ihren Schultern. Zögernd hebt das Mädchen die rechte Hand. Sie scheint ihren Vater erst einmal abtasten zu wollen. Heute erinnert sie sich: »Er kam mir so fremd vor. Ich hatte Angst vor ihm. Ein fremder Mann, dachte ich, das ist doch nicht dein Vater. Ich habe ihn erst mal gestreichelt. Und dann habe ich ihn in den Arm genommen.«

Umarmungen und Tränen der Freude: Am Tag der Heimkehr kam es beim Klang der Lagerglocke zu einem befreienden Ausbruch der Gefühle. Doch für viele andere wurde in diesen Tagen eine Ahnung zur schrecklichen Gewißheit: Die Männer, auf die sie warteten, würden nie wieder zurückkommen. Fast eine Million deutscher Soldaten blieb vermißt.

Was sagt ein Vater, der nach elf Jahren Gefangenschaft zum erstenmal seine Tochter sieht? An seine Worte in diesem Augenblick vermag sich Roswitha nicht mehr zu erinnern. Vielleicht auch, weil sie ihn nur schwer verstehen konnte: »In der Gefangenschaft waren ihm mit einem Gewehrkolben vorne zwei Zähne ausgeschlagen worden, und er sprach so ganz anders, so russisch, und gestottert hat er auch ein bißchen.« Doch an eines erinnert sie sich: Sein größter Wunsch waren Eier mit Speck. Und eingeprägt haben sich ihr noch die beiden Worte, die ihr Vater nicht nur einmal, fast ungläubig, murmelte: »Endlich frei!«

»Er hat wirklich gedacht, er sieht uns nie wieder. Er konnte es nicht fassen, und wir konnten unser Glück auch nicht fassen.«

Ein paar Tage zuvor hatte Karl Wawrzinek als Lagerhäftling noch ein Leben auf Abruf geführt – und dann die unvergeßliche Fahrt in die Freiheit: Abfahrt am 30. September im eisigkalten Swerdlowsk, in neun Tagen viertausend Kilometer mit dem Zug durch die Sowjetunion, Ankunft in Frankfurt an der Oder. Dort hatte Volkspolizei die Bahnsteige hermetisch abgeriegelt. Die Bevölkerung sollte mit den Freigelassenen nicht in Berührung kommen. SED-Propagandisten versuchten erfolglos, den »Durchreisenden« die DDR schmackhaft zu machen. Schließlich stiegen sie in Herleshausen in Busse um, die sie nach Friedland brachten, in das Lager ohne Wachtürme. Zehntausende säumten die Straßen, winkten, schenkten Blumen. Zeitweise ging es nur im Schrittempo voran: Zu viele Menschen wollten sie, die Totgeglaubten, willkommen heißen. Man steckte ihnen Zigaretten, Süßigkeiten und Gebäck zu. Heiratswillige Frauen reichten ihre Adressen durchs Fenster. In jedem Dorf wurde angehalten, im Städtchen Eschwege stand sogar eine Hundertschaft des Bundesgrenzschutzes Spalier, die Blumensträuße statt Karabiner präsentierte. Die Glocken läuteten, und auf den Transparenten prangte überall in dicken Lettern: »Die Heimat grüßt ihre Söhne.« Es war ein Triumphzug, und es war durchaus etwas dran am Seitenhieb des *Spiegel*, der bemerkte: »So wurden einmal siegreiche Truppen empfangen.«

Die Heimkehr der Zehntausend. Das Lager Friedland war ihre erste Station.

Zusammen mit Tochter, Frau und Eltern hörte Karl Wawrzinek auf dem großen Platz die Willkommensworte von Vizekanzler Franz Blücher und die ergreifende Ansprache eines Leidensgefährten. Nach den langen Jahren der Kriegsgefangenschaft trat Ernst Günther Schenck ans Mikrophon und fand vor den laufenden Kameras von Wochenschauen aus aller Welt Worte, in denen sich die ganze Dramatik des Wiedersehens bündelte: »Wir stehen mit klopfenden Herzen und mit tränenden Augen vor Ihnen. Wir schämen uns dieser Tränen nicht. Wir haben zehn Jahre lang nicht geweint. Wir weinen auch nicht darüber, daß eine so schwere Zeit hinter uns liegt. Wir weinen darüber, daß es soviel Liebe und Treue gibt, wie wir sie heute erleben konnten.«

Der offizielle Teil der Heimkehr der Zehntausend – ein Medienereignis erster Güte – endete mit dem Vaterunser und dem Choral »Nun danket alle Gott!«

Schencks Worte galten den Eltern, Frauen und Kindern, die nie die Hoffnung verloren hatten, und sie galten auch jenem Mann, dem die Gefangenen ihre Rückkehr zu verdanken hatten: Bundeskanzler Konrad Adenauer. Die ergreifenden Szenen in Friedland waren der krönende Abschluß seiner Reise nach Moskau – ein diplomatisches Abenteuer auf unsicherem Terrain.

Im Frühjahr 1955 war zwischen Ost und West offiziell von »Tauwetter« die Rede. Die Bundesrepublik firmierte seit dem Inkrafttreten der Westverträge im Mai 1955 als »souveräner« Staat. Als neues NATO-Mitglied war sie jetzt ein Machtfaktor, mit dem die Sowjets rechnen mußten. Jenseits des Eisernen Vorhangs erkannte die Sowjetunion die DDR als »souveränen« Staat an und nahm sie in den Warschauer Pakt auf. Nun schien die Teilung zementiert zu sein – und die Sowjetunion zeigte nicht mehr das geringste Interesse, den Status quo zu ändern. In dieser Situation erreichte Heinrich von Brentano am 7. Juni 1955, seinem ersten Tag als Außenminister, eine Note aus dem Kreml. Was die Chiffrierabteilung entschlüsselte, war eine Einladung: Adenauer solle an die Moskwa kommen, um über die Aufnahme diplomatischer Beziehungen zu verhandeln.

Konnte Adenauer darauf eingehen? Bedeutete ein Botschafteraustausch zwischen Bonn und Moskau nicht auch die »Anerkennung des Zonenregimes« in aller Welt? Verstellten diese Avancen letztlich den Weg zur Einheit? Die Vertrauten des Kanzlers rieten von der Reise ab. Zuviel stand auf dem Spiel. Doch Adenauer beschloß, die Offerte anzunehmen. Zwar machte er sich keine großen Illusionen, bei diesen Gesprächen einen maßgeblichen Fortschritt in der deutschen Frage zu erzielen. Doch er mußte nach Moskau – vor allem wegen der Kriegsgefangenen. Ihr Schicksal bewegte wie kaum ein anderes Ereignis der Nachkriegszeit die Gefühle aller Deutschen.

Im September 1955 war noch nicht bekannt, wie viele deutsche Gefangene in Rußlands Lagern überlebt hatten. Die Rede war von

hunderttausend. Jeder vierte Bundesbürger gab an, Angehörige zu haben, die entweder in russischer Kriegsgefangenschaft ausharrten oder als vermißt galten. Berichte des Roten Kreuzes dämpften zwar die Hoffnungen, doch die Ungewißheit saß wie ein Stachel im Bewußtsein der Deutschen. Jahr für Jahr erinnerte der »Tag der Kriegsgefangenen« an deren Schicksal: Für zwei Minuten standen im ganzen Lande alle Räder still. Schlagzeilen forderten: »Holt die Kriegsgefangenen heim!« Doch diese waren schon längst zu Geiseln des Kalten Krieges geworden. Beim Schachern um die diplomatischen Beziehungen dienten sie als Faustpfand in der Hand der Sowjets.

Die Reise ins Ungewisse begann am 8. September 1955. Um siebzehn Uhr Ortszeit landete Adenauer in einer nagelneuen Super Constellation auf dem Flughafen Wnukowo, dreißig Kilometer vor Moskau. Der Empfang war unerwartet freundlich. Das Zeremoniell entsprach dem eines Staatsbesuches: Die gesamte Kremlführung, die Botschafter der Siegernationen und eine hundertfünfzehn Mann starke Ehrenkompanie begrüßten den »Gospodin Federal-Kanzler«. Zum erstenmal seit Kriegsende erklang das Deutschlandlied auf sowjetischem Boden – eine Randnotiz der Weltgeschichte, gewiß. Doch in den Lagern, wo man den Gefangenen sowjetische Wochenschauen von Adenauers Ankunft vorführte, flossen Tränen. »Zum erstenmal nach unendlich langen Jahren«, berichtete Ernst Günther Schenck, »hörten wir das Deutschlandlied,

Rückkehr in eine fremde Heimat. Am deutsch-deutschen Grenzübergang Herleshausen lassen die Kriegsheimkehrer den letzten Stacheldrahtzaun hinter sich.

95

Annäherung nach tagelangem Tauziehen: Der sowjetische Ministerpräsident Bulganin und Bundeskanzler Adenauer besiegeln ihre Übereinkunft: Die Kriegsgefangenen kommen frei.

sahen die deutsche Fahne in gleicher Höhe wie die sowjetische gehißt und am Rumpf der Luftwaffenmaschine das stilisierte Eiserne Kreuz, das man uns vor zehn Jahren abgerissen hatte – ein erschütterndes und bis zum Herzensgrunde aufrührendes Erlebnis.«

So freundlich dieser Empfang, so ausgelassen manche Wodkarunde und so nobel die Unterbringung im Hotel »Sowjetskaja« auch war – bei den Verhandlungen im Spiridonowka-Palais, dem Gästehaus des sowjetischen Außenministeriums, wehte der deutschen Delegation ein eisiger Wind ins Gesicht. Der spätere Bundeskanzler Kurt Georg Kiesinger, damals im Bundestag Vorsitzender des Auswärtigen Ausschusses, hatte »das Gefühl, vor einem Tribunal zu sitzen«. Die Gesichter von Nikolai Bulganin und dem Ersten Parteisekretär Nikita Chruschtschow wirkten wie eingefroren.

Ein Jahrzehnt nach Kriegsende saßen erstmals Bonner Politiker den sowjetischen Siegern gegenüber. Die Atmosphäre war entsprechend geladen. »Der ganze Groll«, berichtete Adenauer später dem CDU-Parteivorstand, »der Zorn und die Trauer über alles, was in diesem Krieg zwischen beiden Völkern geschehen ist, was das eine Volk dem andern angetan hat«, machte sich Luft. Die Sowjets hielten den Deutschen ihre Kriegsverbrechen vor. Zu ihrer Überraschung aber boten die Deutschen Paroli. Adenauer sah in seiner Moskaureise keineswegs einen Canossagang, sondern erklärte vor den Vertretern des Landes, das im Krieg über zwanzig Millionen Menschenleben zu beklagen hatte, selbstbewußt: »Es ist wahr: Es ist viel Schlechtes geschehen. Es ist aber auch wahr, daß die russischen Armeen dann – in Gegenwehr, das gebe ich ohne weiteres zu – eingedrungen sind und dann in Deutschland viele entsetzliche Dinge im Kriege vorgekommen sind.« Schließlich kam Adenauer auf den Punkt: Wolle man diplomatische Beziehungen aufnehmen, »sollten wir nicht zu tief in die Vergangenheit hineinsehen, weil wir dann nur Hindernisse aufbauen«. Das war Salz auf klaffende Wunden. Chruschtschow geriet prompt in Rage. Er ballte die Fäuste, drohte Adenauer. Wutschnaubend standen sich beide Staatsmänner gegenüber – und vertraten jeweils den Standpunkt, bei dem sie ihre Landsleute hinter sich wußten. In einer Blitzumfrage meinten achtundsechzig Prozent der Befragten in der Bundesrepublik, es sei notwendig gewesen, in Moskau von den Greueltaten der Roten Armee in Deutschland zu sprechen. Hätte es in der Sowjetunion eine ähnliche Umfrage gegeben, das Ergebnis wäre wohl unter umgekehrten Vorzeichen ähnlich deutlich, wenn nicht höher, ausgefallen.

Schon bald zeigte sich, daß am Konferenztisch zwei unterschiedliche Vorstellungen kollidierten, und das betraf nicht nur die Deutschlandfrage. Die Sowjets forderten diplomatische Beziehungen ohne Vorbedingungen, die Deutschen die Freigabe der Gefangenen. Unmißverständlich polterte Bulganin: »In der Sowjetunion gibt es keine Kriegsgefangenen. In der Sowjetunion befinden sich nur die deutschen Kriegsverbrecher aus der Hitlerarmee, Verbrecher, die durch die sowjetischen Gerichte für besonders schwere Verbrechen an dem sowjetischen Volk, gegen den Frieden und gegen die Menschlichkeit verurteilt wurden. Das sind Menschen, die ihr Menschengesicht verloren haben.« Das war kategorisch und eindeutig. Hatte es da noch Sinn, weiter zu verhandeln? Adenauer, ganz Diplomat, würdigte daraufhin das »sowjetische Volk« als ein Volk mit »viel Herz und Gemüt«, um mit dem innigen Appell zu enden: »Bitte, lassen Sie uns nicht nach Hause zurückfahren mit der Erklärung: ›Die Sowjetregierung hat es abgelehnt, in dieser Frage überhaupt mit uns zu sprechen!‹« Die Verhandlungen, auf die Hunderttausende ihre Hoffnung setzten, drohten zu scheitern.

Was Adenauer damals nicht wußte: Die Sowjets hatten bereits im März 1955 aus Sibirien dreitausend deutsche Gefangene rund um Moskau zum Abtransport in die Heimat zusammengezogen. Die Freigabe stand schon lange vor Adenauers Ankunft in Moskau fest. Und die Führung der DDR war darüber bestens informiert. Am 14. Juli 1955 teilte Chruschtschow den DDR-Spitzen Ulbricht und Grotewohl mit: »Wir halten den Zeitpunkt für gekommen, die Frage der deutschen Kriegsgefangenen und Zivilpersonen zu entscheiden, die in der Sowjetunion Strafen verbüßen.« Der Brief, jahrzehntelang verborgen im Zentralen Parteiarchiv der SED, wurde erst nach der Wende bekannt und beweist, wie sehr Bulganin und

Chruschtschow bei den Verhandlungen mit Adenauer pokerten. Kriegsgefangene gegen diplomatische Beziehungen und Handelsverbindungen – das war es, was sie wollten. Die Hoffnung der Westdeutschen, auch in der Deutschlandfrage weiterzukommen, hatte keine Aussicht auf Erfüllung.

Zunächst aber schien sich die Gesprächsatmosphäre unverhofft aufzulockern. Die deutsche Delegation wurde zu einer Galavorstellung eingeladen. Das Ballett »Romeo und Julia« zur Musik von Prokofjew stand auf dem Programm. Schauplatz: das Bolschoitheater. Die Hauptrolle der Julia tanzte die sowjetische Primaballerina Jekatarina Ulanowa. In der ehemaligen Zarenloge trafen sich Bulganin und Adenauer.

Nebeneinandersitzend verfolgten sie, wie sich auf der Bühne das unglückliche Liebespaar das Leben nimmt und sich die verfeindeten Veroneser Familien Capulet und Montague schließlich versöhnen. Der Vorhang fiel, das Licht ging an, die Blicke im Saal wandten sich dem Politikerpaar zu. Da ergriff Adenauer spontan Bulganins Hand. Eine Geste der Versöhnung, honoriert mit lang anhaltendem Beifall. Der Applaus der Funktionärselite im Saal bewies, wie sehr eine gütliche Einigung gewünscht wurde. Jetzt waren sich beide Parteien persönlich nähergekommen. Der Verhandlungston der Sowjets aber sollte keineswegs an Schärfe verlieren. Und dabei blieb es während der gesamten Konferenz: Freundlich prostete man sich bei Empfängen mit Krimsekt zu, um tags darauf wieder in die rüde Sprache des Kalten Krieges zu verfallen.

Zurückgezogen in seinen abhörsicheren Bundesbahn-Salonwagen auf dem Leningrader Bahnhof, spielte Adenauer mehr als einmal mit dem Gedanken abzureisen. In dieser geradezu aussichtslosen Lage konnte nur noch ein Wunder helfen – oder eine List. Die Telefone, das wußte die deutsche Delegation, waren »verwanzt«. Bewußt bestellte man daher die Flugzeuge telefonisch einen Tag früher als vorgesehen. Die Sowjets hörten mit – und reagierten prompt, vielleicht auch, weil sie Carlo Schmids eindrucksvollen Appell an ihre russische Großherzigkeit noch in den Ohren hatten. So wurde am Abend des 12. September 1955 zu Ehren Adenauers ein üppiges Staatsbankett im Georgssaal des Kreml gegeben. Ein Scheitern der Verhandlungen hätte für die Kremlspitze einen Gesichtsverlust im eigenen Land bedeutet. Jetzt mußte die Entscheidung fallen.

Der Knoten, der in der kühlen Atmosphäre am Verhandlungstisch nicht gelöst werden konnte, lockerte sich bei Speis und Trank. Als Adenauer erneut auf die Kriegsgefangenen zu sprechen kam, meinte Bulganin beinahe beiläufig: »Gut, wenn noch welche da sind: Sie sollen sie haben.« Und Chruschtschow fügte hinzu: »Wir können keine Garantien oder Zusicherungen geben, weder schriftlich noch mündlich, aber wir geben Ihnen unser Ehrenwort, und unser Wort gilt!« Mit »wir«

waren Chruschtschow und Bulganin gemeint. Adenauer, überrascht von diese Wende, griff sofort zu: »Ich weiß, auf das Wort dieses Mannes kann man sich verlassen!« Mit einem Glas Wein stießen die Spitzenpolitiker auf den Handel an.

Eine mündliche Zusage, nichts weiter. Keine Unterschrift, keine Garantieerklärung. War das nicht zuwenig? In der Delegation machte sich Skepsis breit. Anders als Außenminister von Brentano und dessen Staatssekretär Walter Hallstein, blieb Kiesinger zuversichtlich: »Wir saßen am längeren Hebel. Wenn die Russen die Gefangenen nicht freigelassen hätten, hätten wir keinen russischen Botschafter in Bonn eingelassen und auch keinen Botschafter nach Moskau gesandt.« Außerdem konnten Chruschtschow und Bulganin auf Dauer nicht unwidersprochen behaupten, es gebe in der UdSSR keine Kriegsgefangenen mehr. Sie selbst hatten ja von Gefangenen als »Kriegsverbrechern« gesprochen.

Die Sowjets hielten Wort, und Adenauer war nach den sechs Tagen in Moskau auf dem Höhepunkt seiner Popularität angelangt. Noch 1975 stuften laut einer Umfrage fünfundsiebzig Prozent der Befragten die Heimführung der deutschen Kriegsgefangenen aus russischer Gefangenschaft als Adenauers größte Tat ein, höher noch als die Westeinbindung der Bundesrepublik oder die Aussöhnung mit Frankreich. Viele Heimkehrer und ihre Familien, gleich welcher Partei sie nahestanden, verehrten Adenauer fortan fast wie einen Heiligen. Diese Ehrfurcht hat sich bei

Das Eis ist gebrochen. Der Aufnahme diplomatischer Beziehungen steht nichts mehr im Wege. Molotow, Malenkow, Bulganin, Kiesinger, Adenauer, Hallstein, Chruschtschow, Carlo Schmid (v. links).

Minna Wawrzinek bis heute erhalten: »Stolz auf Adenauer«, sagt sie, »bin ich noch immer.«

»Ja, in Friedland, das war ein großer Tag«, schwärmt ihre Tochter Roswitha. Was aber kam nach diesem Tag? Wie hat sich ihr Verhältnis zu dem fremden Mann entwickelt, der ihr Vater war? Es hätte ja sein können, daß Roswitha, wie einige andere Heimkehrerkinder auch, ihren Vater nicht annehmen würde. Schon in den ersten Tagen zerstreuten sich diese Bedenken. Roswitha wich nicht mehr von seiner Seite. »Ich war froh, daß Vater endlich da war. Ich war sein ein und alles, die einzige Tochter und das jüngste von vier Kindern. Ich habe alles von ihm bekommen, und ich habe ihn sehr geliebt.«

Und die Ehe? War es nicht problematisch, nach so langer Trennung plötzlich wieder zusammenzuleben? Bei vielen hatte das Lagerleben tiefe Spuren in der Psyche hinterlassen. Manche Ehefrauen warfen ihren lang vermißten Männern vor, sie seien eigenbrötlerisch geworden, neigten zu Rechthaberei, wären gereizt und nicht selten über die Maßen autoritär. Hatte sich Karl Wawrzinek im Gulag nicht auch grundlegend verändert?

Seine Frau schüttelt heute den Kopf: »Nein, wir haben uns vom ersten Moment an wieder sehr gut verstanden.« Trotz der langen Trennung durch Krieg und Gefangenschaft hätten sie eine »wirklich gute Ehe« geführt, wenn ihnen auch nur wenig Zeit füreinander geblieben sei. Siebzehn Jahre lang waren sie voneinander getrennt, doch immer seien sie einander verbunden geblieben. Minna Wawrzinek erklärt: »Er wollte hauptsächlich die Kinder gut erziehen, und das habe ich auch gemacht.« Sie habe nur ihre Pflicht getan, sagt sie und meint damit auch die harte Fabrikarbeit, ohne die sie und ihre Kinder nicht hätten überleben können. Während ihr Mann von einem Gefangenenlager zum anderen verschoben wurde, besserte die Hausfrau in Konserven- und Strickwarenfabriken die kargen neunundsiebzig Mark Sozialhilfe auf. Acht Jahre lang lebte sie mit ihren vier Kindern in einem kleinen Zimmer im 17-Personen-Haushalt der Eltern. Welche Hoffnungen setzte sie in die Rückkehr ihres Mannes? Minna Wawrzinek muß nicht lange überlegen: »Daß wir endlich eine eigene Wohnung haben, daß wir wieder ein gemeinsames Leben führen können und daß es uns wieder bessergeht.«

Doch sie mußte weiter arbeiten, auch noch, als ihr Mann wieder so weit bei Kräften war, daß er eine Stelle als Busschaffner annehmen konnte. Der Start in Karl Wawrzineks zweites Leben war geschafft. Aber viele der Heimkehrer, die im Eiltempo ihre verlorene Lebenszeit aufholen wollten, blieben in den Startblöcken hängen. Die Gefangenen kamen in eine Heimat zurück, die ihnen fremd geworden war. Die Arbeitswelt hatte sich verändert, die Anforderungen waren gestiegen, eine neue Generation war auf ihre Posten nachgerückt. Die Frauen waren selbständiger und selbstbewußter geworden, denn sie hatten ja bewiesen, daß es auch ohne Männer ging. Fast erschien es einigen Heimkehrern, als seien sie in ihren

Familien überflüssig geworden. Noch mißlicher aber war die Situation, wenn niemand auf sie gewartet hatte, wenn sie feststellen mußten, daß ihre Frauen neu verheiratet und sie selbst für tot erklärt worden waren.

Den Schock, plötzlich in eine leistungs- und profitorientierte Welt des wirtschaftlichen Aufschwungs geworfen zu werden, verkrafteten manche nur schwer. Aus Ostzonenzeitungen und Briefen ihrer Verwandten wußten sie zwar ungefähr, was sie in der Bundesrepublik erwarten würde. Doch einen solchen Aufschwung hatten sie sich auch in den kühnsten Träumen nicht ausgemalt. Die Männer kamen aus der Öde sibirischer Lager und standen unvermittelt vor prall gefüllten Läden mit Neonreklame. Sie sahen gutgekleidete Menschen, die sich ohne Angst vor Spitzeln unterhalten konnten. Sie bewegten sich auf Straßen voller Autos und Passanten, und sie stellten fest, daß in gewissen Lokalen jetzt ein Tanz namens Rock 'n' Roll bevorzugt wurde. »Karl war begeistert vom Wirtschaftswunder«, erinnert sich Frau Wawrzinek, »aber er hat immer gesagt: ›Das hält nicht lange.‹«

Aufbau, Karriere und Konsum bewegten Mitte der fünfziger Jahre die Gemüter der Westdeutschen. Der Blick war starr nach vorne gerichtet. Die schreckliche Vergangenheit kehrten die meisten erst einmal unter den Teppich. Die Kriegsgefangenen, die leibhaftig an das dunkelste Kapitel deutscher Geschichte erinnerten, stießen nicht selten auf eine Mauer der Gleichgültigkeit. Physische wie psychische Folgen des Lagerlebens bedrückten sie. Aber wer wollte schon von ihrem Schicksal hören, von den Todesmärschen, vom hunderttausendfachen Hungertod in der Sowjetunion, einem Land, das in den ersten Nachkriegsjahren nicht imstande war, das eigene Volk zu ernähren? Die Heimkehrer waren nicht die einzigen, deren Schicksal durch den Krieg in tragische Bahnen gelenkt wurde. Zwar empfing man sie mit Herzlichkeit, doch schon bald verkehrte sich die Wiedersehensfreude in Desinteresse.

Möglicherweise erzählte Karl Wawrzinek deswegen später so wenig von der Gefangenschaft. Oder er wollte die Vergangenheit einfach ruhenlassen, um sich voller Elan in sein zweites Leben stürzen zu können. Vierzehn Jahre in Freiheit blieben ihm vergönnt. 1969 starb er nach einem Autounfall in Düsseldorf. Seine Tochter, die ihn in Friedland so gespannt erwartet hatte, arbeitet heute auf der Pferdefarm ihres Mannes. Sieben Kinder hat sie großgezogen. Die Wawrzineks – eine deutsche Familiengeschichte.

MISSILE TRANSPORTERS

HEAVY EQUIPMENT

Der
Beweis

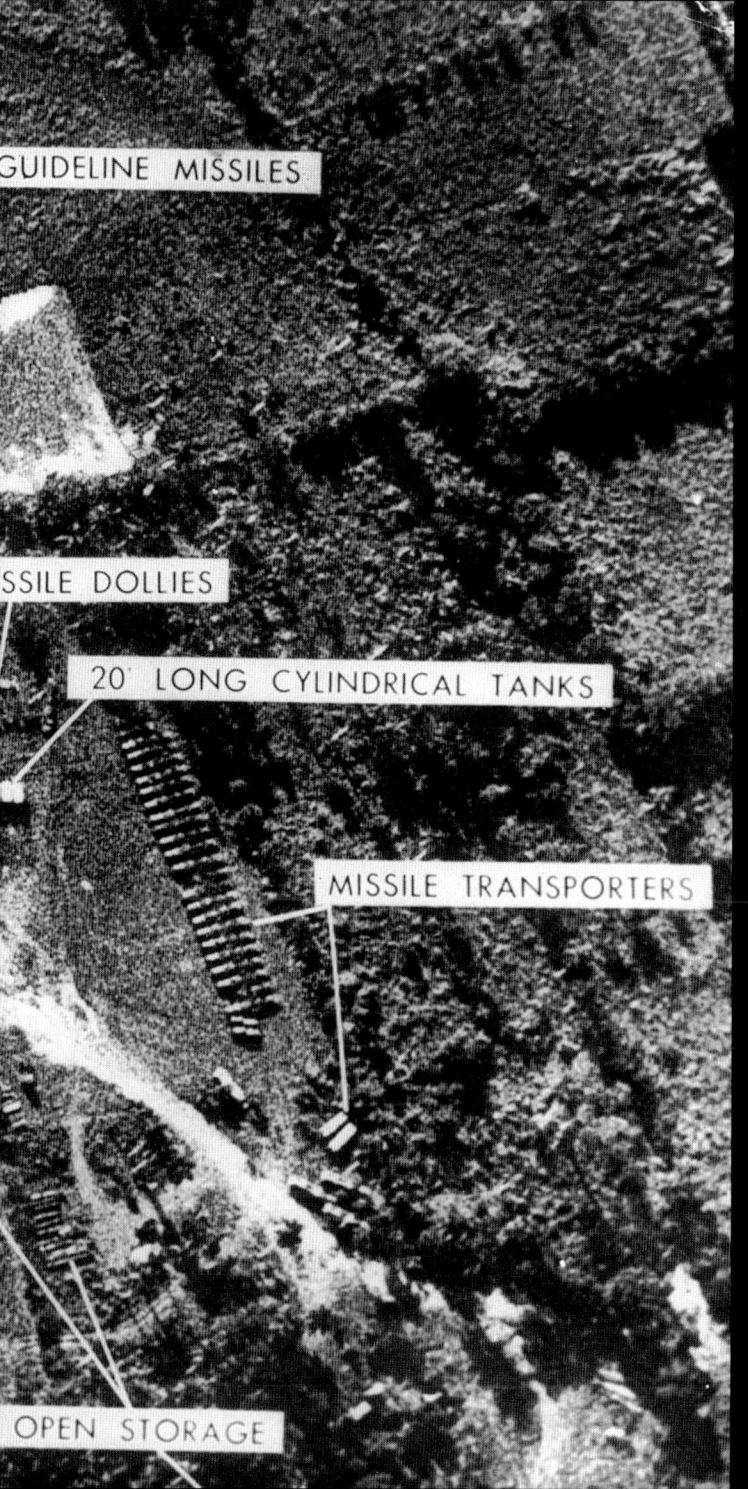

GUIDELINE MISSILES

ISSILE DOLLIES

20' LONG CYLINDRICAL TANKS

MISSILE TRANSPORTERS

OPEN STORAGE

Der Beweis

Seit Wochen hatte es Gerüchte gegeben. Nun war es ausgerechnet der westdeutsche Bundesnachrichtendienst, der dem amerikanischen CIA den entscheidenden Hinweis gab: Mit den Sowjetschiffen, die seit Wochen den Atlantik überquerten und im Hafen von Havanna ihre Ladung löschten, stimme etwas nicht. Offiziell waren die Ladungen als Wirtschaftsgüter deklariert. Tatsächlich aber führten die Schiffe nukleare Fracht mit sich: Atomraketen und Soldaten, die sie installieren sollten – und das mitten auf der Zuckerinsel Kuba, die sich mittlerweile zum »Sowjetblock« zählte, jedoch im Hinterhof der USA lag, nur etwa hundertfünfzig Kilometer von der Stiefelspitze Floridas entfernt!

Anfang Oktober 1962 waren auf Kuba tausendsechshundert sowjetische Techniker und Militärberater Tag und Nacht im Einsatz, um die tödlichen Geschosse aufzustellen. Doch wie ließ sich das beweisen?

Diese Frage puschte den Kalten Krieg der Supermächte zu einem beispiellosen Drama hoch. Am Ende stand die Welt nur einen Fußbreit vor der nuklearen Katastrophe. Heute erscheint uns die Geschichte von der Kubakrise fast wie eine ferne, fremde Sage. Aber damals gab es kein Szenario für die Lösung von Konflikten solcher Art – und auch kein rotes Telefon. Die Dinge nahmen einfach ihren Lauf, weil im Weißen Haus ein junger Präsident für seine Falken Stärke demonstrieren mußte und weil im Kreml ein getriebener Parteichef seinen Kalten Kriegern ein Erfolgserlebnis schuldig war. Wenn er vor der Küste der USA Atomraketen stationierte, dachte Chruschtschow, sei Amerika verwundbar.

Der 14. Oktober 1962 war der erste Tag in einem Pokerspiel um Frieden oder Krieg. An diesem Sonntag lockte ein blauer Oktoberhimmel Millionen Amerikaner ins Freie. Im Gegensatz dazu war die politische Großwetterlage des Tages eher bewölkt. Der amerikanische Geheimdienst suchte nach einer Antwort auf die Frage, ob es auf Kuba atomare Waffen gebe. Um das herauszufinden, war die U-2, das Spionageflugzeug des Jahrzehnts, wie geschaffen. Seine Kameras arbeiteten so perfekt, daß Spezialisten ohne Mühe eine aus achtzehn Kilometer Höhe aufgenommene Zeitungsschlagzeile erkennen konnten. An diesem Sonntag erhielt der Pilot Richard Heyser den Auftrag, das mysteriöse westliche Ende Kubas zu überfliegen.

Er erinnert sich: »Ich wurde informiert, daß sich das Aufklärungsgebiet in der Nähe der Stadt San Cristóbal befand. Die Hinweise, daß dort möglicherweise sogar Raketenbasen installiert wurden, waren noch recht vage. Was fehlte, war der unumstößliche Beweis dafür.«

In zweiundzwanzig Kilometer Höhe gelang es dem Spionageflugzeug, das verdächtige Gebiet in sechs Minuten zu überfliegen und lückenlos zu fotografieren. Der Auftrag war extrem gefährlich. Noch über drei Jahrzehnte später sind die Risiken dem Expiloten in lebhafter Erinnerung: »Man kann sich nur schwer vorstellen, was das da oben für ein Gefühl war – so ganz für sich allein. Und außerdem zu wissen, daß man dran ist, wenn die gewünschten Bilder nicht geliefert werden. Es durfte mir kein einziger Fehler unterlaufen! Und auch zu wissen, daß es unten am Boden Luftraketen gab, die eingesetzt werden konnten – ob oder ob nicht, wußte man ja nicht genau. Aber so eine Situation jagt einem doch ganz schön Angst ein. Da lastete ein gewaltiger Druck auf mir.«

Als Heyser wieder auf dem Luftwaffenstützpunkt McCoy in Florida landete, wurden die Kameras sofort entladen und die Filme mit einer Sondermaschine nach Washington geflogen. Im nationalen Fotoanalysenzentrum wurden die U-2-Aufnahmen ausgewertet: ein schwieriger Prozeß, der bis zu vierundzwanzig Stunden dauern konnte, denn die Bilderflut aus einer einzigen U-2 war überwältigend: Alle Fotos nebeneinandergelegt würden eine sechzehn Kilometer lange Autobahn bedecken.

Oben links:
Der Pilot
Richard Heyser
schoß das
Beweisfoto.

Oben rechts:
Er wertete die
Fotos für das
Pentagon aus:
Dino Brugioni.

Die Spannung war groß. Die Fachleute wußten, wonach sie fahndeten, doch sie hofften, daß sich alles als falscher Alarm erweisen würde.

Am 15. Oktober machte der Fotospezialist Dino Brugioni die schokkierende Entdeckung: »Um 4.35 Uhr an diesem Montagnachmittag waren wir fest davon überzeugt, daß es auf Kuba Mittelstreckenraketen gab. Ich habe meinen Chef angerufen, der sofort ins Labor kam. Er blickte in das Mikrostereoskop und sagte: ›Ist es das, von dem ich befürchte, daß es das ist?‹ Wir sagten: ›Allerdings – das sind Mittelstreckenraketen.‹ Und er sah sich die Fotos ganz genau an – besonders drei davon, auf denen man deutlich vier getarnte Raketen, sieben Abschußrampen und, mehr im Hintergrund, die Versorgungsfahrzeuge erkennen konnte. Dann sagte mein Chef: ›Also gut, ich mache jetzt den Telefonanruf meines Lebens.‹ Und dann hat er auf jeden von uns gedeutet und gefragt: ›Sind wir uns demnach einig?‹ Und jeder von uns sagte: ›Ja, natürlich.‹ Und dann ging er in sein Büro zurück, um die Direktion zu informieren.«

Am Abend des 15. Oktober war die Fotoanalyse abgeschlossen. Das Ergebnis: Außer bei San Cristóbal waren auf Kuba noch drei weitere sowjetische Raketenbasen stationiert: eine bei dem Ort Remidios, eine andere Basis in Sagua la Grande und vier Abschußrampen in Guanajay.

Noch aber waren die Raketen nicht einsatzbereit. General Titow, damals Stabschef der auf Kuba stationierten Sowjettruppen, erklärt uns heute, daß die Kernsprengköpfe zu diesem Zeitpunkt noch nicht installiert waren. »Unsere Absicht war«, erinnert sich der frühere Sowjetmarschall Trojanowski, »erst die Raketen aufzustellen, einsatzfähig zu machen und erst danach die Amerikaner davon zu unterrichten. Dann hätten sie keine andere Wahl gehabt, als sich damit abzufinden.« Doch soweit sollte es nicht kommen.

Hätten die Sowjets ihre Raketen nicht besser tarnen können? General Titow meint heute, daß dies unter den örtlichen Bedingungen unmöglich gewesen wäre. Da die Zeit für ihre Stationierung äußerst knapp bemessen gewesen sei, hätten keine unterirdischen Schächte angelegt werden können. Das Risiko, entdeckt zu werden, habe also immer bestanden, »obwohl manche hohen Tiere in Moskau glaubten, daß man eine Rakete nur unter eine Palme zu stellen brauche, und schon sei sie getarnt«.

John F. Kennedy, der Oberkommandierende der US-Streitkräfte und Präsident von hundertachtzig Millionen Amerikanern, wußte zunächst nichts von alledem. Erst am Dienstag morgen erfuhr er, was gespielt wurde. An diesem 16. Oktober informierte der Chef des Analysenzentrums, Mr. Landauer, im Weißen Haus George McBundy, den Sicherheitsberater des Präsidenten, über den brisanten Inhalt der Kubafotos. Sofort kam ein Termin mit John F. Kennedy und seinem Bruder Bobby zustande. Bobby reagierte nach übereinstimmenden Berichten aller Augenzeugen ausgesprochen heftig: »Diese verdammten russischen Hu-

rensöhne!« Die Reaktion war durchaus verständlich: Chruschtschow, Sowjetaußenminister Gromyko und der sowjetische Botschafter in den USA, Dobrynin, hatten in den letzten Wochen mehrfach öffentlich beteuert, die Sowjetunion verfolge in Kuba nur defensive Absichten. Nun lag der Beweis auf dem Tisch, daß sie gelogen hatten.

John F. Kennedy bewahrte auch in dieser Situation seinen trockenen Humor: »Mr. Landauer, können diese gottverdammten Dinger Oxford in Mississippi erreichen?«

Diese Kleinstadt kam dem Präsidenten in den Sinn, weil sich an der dortigen Universität ein Mitglied seiner weitverzweigten Sippe gerade immatrikuliert hatte.

»Ja, sie können Oxford erreichen«, erwiderte Landauer.

Kennedy wippte in seinem Schaukelstuhl ein wenig hin und her: »Sind Sie sicher?«

»Ja, ich bin ganz sicher.«

»O. k.«, sagte Kennedy und wandte sich an McBundy, »sorgen Sie dafür, George, daß ganz Kuba fotografiert wird!«

Nach außen hin gab Kennedy die Parole aus: »Business as usual.« Alle geplanten Termine wurden eingehalten: zuallererst an diesem 16. Oktober ein Small talk mit dem Apollo-Astronauten Walter Schirrah samt Familie. Doch nur zehn Minuten nachdem die Schirrahs das Weiße Haus verlassen hatten, trafen dort die engsten Vertrauten des Präsidenten ein.

Vier Raketenbasen entdeckte die amerikanische Luftaufklärung. Alle Beweisfotos nebeneinandergelegt hätten eine 16 Kilometer lange Autobahn bedeckt.

»Diese ver-
dammten
Hurensöhne«, so
kommentierte
der Bruder des
US-Präsidenten,
Justizminister
Robert Kennedy,
die Nachrichten
aus Kuba.

Es handelte sich um die Mitglieder von EXCOM (Executive Committee), dem erweiterten Nationalen Sicherheitsrat und künftigen Aktionsausschuß in Sachen Kuba. Die zur absoluten Verschwiegenheit verpflichteten Mitglieder waren Vizepräsident Johnson, Außenminister Rusk, Verteidigungsminister McNamara, Justizminister Robert »Bobby« Kennedy, CIA-Chef McCone, UNO-Botschafter Stevenson, Sowjetexperte Llewellyn Thompson, Finanzminister Dillon, enge Berater wie Sorensen und McBundy, »große alte Männer« des politischen Establishments wie Dean Acheson und Robert Lowell.

Aufgabe dieses Gremiums war es, dem Präsidenten Optionen für sein Handeln an die Hand zu geben. Die letzte Entscheidung aber lag bei Kennedy. Das Krisenmanagement begann am 16. Oktober um 11.45 Uhr. Der in einem bislang unveröffentlichten Tonbandprotokoll überlieferte Originalton Kennedys belegt die Schockwirkung, unter der der Präsident in dieser ersten Sitzung stand:

»Wenn wir jetzt Alarm schlagen, dann sind alle gewarnt. Natürlich können wir dann nicht einfach verkünden, daß wir die Raketen in vier Tagen zerstören wollen. Dann könnten nämlich die Russen schon nach zwei Tagen erklären, daß ihre Raketen einsatzbereit sind, und was machen wir dann? Gar nichts. Wir könnten nur noch damit drohen, daß wir sofort mit Atomwaffen eingreifen.«

Zunächst beschäftigte EXCOM allerdings die Frage nach den sowjetischen Motiven: Wollte Chruschtschow, der Logik des Kalten Krieges folgend, der Welt demonstrieren, daß die USA »zu ängstlich« seien, das Risiko eines Nuklearkrieges auf sich zu nehmen – in der Hoffnung, daß Amerikas Prestigeverlust ihm dann Spielraum für nukleare Erpressung in anderen Gebieten gäbe? Oder war das Ganze nur ein Ablenkungsmanöver? Ging es in Wahrheit um Berlin? Oder wollte Moskau schlicht und einfach seinen Satelliten Castro stärken und dessen Überleben durch russische Raketen garantieren?

Kennedy, so erinnert sich Ted Sorensen heute, neigte am ehesten der ersten These zu. Doch wie sollten die USA reagieren? »Die Stimmung während dieser ersten Krisensitzung war finster. Der Präsident ließ keinen Zweifel an seiner Entschlossenheit, so oder so die Raketen loszuwerden. Es gab einen ersten Meinungsaustausch über unsere möglichen Antworten: ob Luftangriff, Seeblockade Kubas, eine Invasion oder diplomatische Schritte. Welcher Weg auch immer gewählt würde – schon bei diesem allerersten Treffen des Aktionsausschusses sagte der Präsident, daß die Vereinigten Staaten langfristig die Präsenz von Raketen nur hundertfünfzig Kilometer vor der eigenen Küste auf keinen Fall dulden könnten. Er machte ganz deutlich, daß dies unsere höchste Priorität sei.«

Nach der ersten Krisensitzung der Politiker versammelte sich im Pentagon der Generalstab. Hier wurden schon konkrete Pläne für einen Angriff auf die Zuckerinsel vorgelegt. Codename: »Operation X«. Ein Teilnehmer an dieser Runde war Roswell Gilpatrick, der stellvertretende US-Verteidigungsminister: »Der Generalstab hat von Anfang an die schärfste, direkteste und massivste Form des Luftangriffs gegenüber Kuba befürwortet. Und er stellte sich damit hinter General Curtis Le May, für den schon seit seiner Zeit als Schwadronenführer im Zweiten Weltkrieg feststand, daß man in solchen Fällen am besten eine ganze Bomberflotte einsetzt und nach der Devise handelt: ›Bomb sie zurück in die Steinzeit!‹« Nach der Sitzung im Pentagon wurde sofort der Verteidigungszustand für alle US-Streitkräfte befohlen. Doch das Bild von dieser Krise war noch zu diffus. Noch hatte sich der Präsident zu keiner klaren Reaktion entschlossen.

Am 17. Oktober lagen die neuesten U-2-Spionagefotos vor. Das Ergebnis war alarmierend: In der Nacht waren um San Cristóbal und Guanajay neue mobile Abschußrampen installiert worden. Insgesamt befanden sich jetzt an die achtundzwanzig Abschußrampen in verschiedenen Bauphasen auf der Insel – getarnt unter Palmen und Büschen.

Der damalige Sowjetstabschef Titow sieht darin noch heute eine reine Defensivmaßnahme: »Für uns war es die vorrangige Aufgabe, Kuba zu verteidigen. Und außerdem wollten wir den Amerikanern zeigen, daß sie nicht so stark waren, wie sie glaubten, und sie sich nicht straflos immer und überall in Dinge einmischen durften, die sie nichts angingen!«

Aus diesen Worten spricht auch der verletzte Stolz eines Offiziers, der heute betrübt erleben muß, wie sehr sein Rußland vom gleichberechtigten Gegenspieler im globalen Nuklearpatt gleichsam zu einem »Obervolta mit Raketen« abgesunken ist.

Der kubanische Staats- und Parteichef Fidel Castro war in diesen Tagen alles andere als froh darüber, daß sein Land nur ein Objekt im nuklearen Pokerspiel der Supermächte darstellte. »Um die Wahrheit zu sagen: Es paßte uns nicht, daß die Raketen auf Kuba stationiert wurden«, gesteht Castro dreißig Jahre später. »Wenn sie nur unserer Verteidigung hätten dienen sollen, hätten wir sie gar nicht erst akzeptiert. Wir machten damals nur mit, weil wir uns in moralischer, politischer und internationaler Hinsicht verpflichtet fühlten, das sozialistische Lager zu stärken.«

An diesem 17. Oktober ahnte die Öffentlichkeit noch nichts von der Krise. Der Präsident hatte seine Mitarbeiter angewiesen, nach außen hin den Schein zu wahren. Und er selbst hielt alle Terminabsprachen strikt ein. Am Mittwoch morgen stürzte sich Kennedy in die Wahlschlacht um den US-Kongreß. Doch trotz aller Vorsicht kursierten am Donnerstag morgen die ersten Gerüchte: Etwas Großes sei im Gange. Die Verlegung einiger Kampfgeschwader blieb der Presse nicht verborgen.

An diesem Nachmittag hatte Kennedy einen besonderen Gast im Weißen Haus: Andrej Gromyko, Außenminister der Sowjetunion. Er informierte den Präsidenten über Chruschtschows Entschluß, mit der DDR einen separaten Friedensvertrag abzuschließen.

Anatolij Dobrynin, der Gromyko damals eskortierte, erinnert sich: »Das Treffen im Weißen Haus diente lediglich einer grundsätzlichen Bestandsaufnahme der sowjetisch-amerikanischen Beziehungen – einschließlich Kuba. Aber von so etwas wie einer ›Kubakrise‹ war damals keine Rede! Weder Gromyko noch der Präsident haben die Raketen angesprochen.«

Ganz anders hatte der frühere amerikanische Verteidigungsminister Robert McNamara dieses Treffen in Erinnerung: »Gromyko hat dem Präsidenten eindeutig erklärt, daß es auf Kuba keine Raketen gebe und dort auch keine stationiert würden – und das, obwohl er es, im Gegensatz zu Dobrynin, besser wußte. Also hat er damals gelogen. Er hat damit nicht nur versucht, die USA zu täuschen, sondern auch unsere Verbündeten. Das war ein ganz gefährliches Spiel!«

Das Foto von diesem Gespräch ist ein hervorragendes Beispiel für politische Körpersprache: Gromyko wirkt höchst animiert, er lächelt freundlich – eher ungewohnt für »Mr. Grimgram«, der nur nett war, wenn er etwas zu verbergen hatte. Kennedy lehnt sich scheinbar entspannt zurück: Er weiß etwas, von dem Gromyko nicht wissen kann, daß er es weiß. Erst nachdem er Gromyko verabschiedet hatte, entlud sich die ganze Anspannung des Präsidenten: »Dieser Lügenbastard!« Seitdem hat er Gromyko nie mehr getraut.

»Wir wollten den Amerikanern zeigen, daß sie nicht so stark waren, wie sie glaubten.« General Titow war Stabschef der auf Kuba stationierten Sowjettruppen.

Fidel Castro sieht dies heute als den schwersten Fehler Moskaus: »Es hat uns sehr geschadet, daß die Russen die Stationierung der Raketen unbedingt geheimhalten wollten. Aber noch viel schlimmer war, daß sie Kennedy gezielt falsch informiert haben.«

An diesem Abend des 18. Oktober ist der sowjetische Außenminister Gast von US-Außenminister Dean Rusk im State Department. Gromyko ist offenkundig bester Laune, scherzt mit den Journalisten, die ihn um ein kurzes Statement bitten. Während pünktlich um zwanzig Uhr Andrej Gromyko und Botschafter Dobrynin zum Festbankett im achten Stock geleitet werden, kommen fünf Minuten später die Mitglieder von EXCOM zusammen, um nur eine Etage tiefer die Vorentscheidung über Frieden oder Krieg mit der Sowjetunion zu debattieren.

Paul Nitze war damals im Pentagon für die Marine zuständig: »Wir kamen zu dem Schluß, daß wir es erst einmal mit der niedrigsten Stufe der Gewaltanwendung versuchen sollten, das heißt einer Seeblockade oder, wie wir es nannten, einer ›Quarantäne‹. Der nächste Schritt sollte dann der Luftangriff sein. Erst als dritte Eskalationsstufe dachten wir an eine Invasion Kubas, die zweifellos hohe Opfer auf beiden Seiten gefordert hätte.«

Aber noch war dieser Stufenplan nicht gültig. Noch fehlte das O. K. des Präsidenten. In derselben Nacht machten sich die Kennedyberater auf den Weg ins Weiße Haus. Um unnötiges Aufsehen durch die Auffahrt vieler Straßenkreuzer zu vermeiden, drängten sich elf Mann in eine einzige Limousine. Ein Autounfall wäre folgenschwer gewesen! Die Diskussion mit dem Präsidenten dauerte bis zum frühen Morgen.

Am Freitag, dem 19. Oktober, ordnete der Präsident Tiefflüge über Kuba an. Ab dem frühen Morgen zischten nun die F-8-Maschinen der Marine mit speziellen Kameras an Bord über den Ozean und fotografierten das Operationsgebiet. Die Qualitätsverbesserung der Fotos war erheblich. Die F-8-Maschinen wurden natürlich auf den russischen Radargeräten ausgemacht. Nun wußten Sowjets und Kubaner, daß die USA im Bilde waren.

Die Arbeit an den meisten Abschußrampen näherte sich dem Ende. Die Raketen waren fast einsatzbereit. Kennedy setzte unterdessen seine Wahlkampagne in Ohio fort. Noch immer bemühte er sich, alle Verabredungen einzuhalten, noch immer trug er die Maske des unbesorgten Präsidenten, der sich von der Menge enthusiastisch feiern ließ. Am Freitag, dem 19. Oktober, erreichte ihn die alarmierende Meldung der Fotoauswerter. Sogleich rief er seinen Pressesprecher zu sich und bat ihn, auf einer Pressekonferenz zu verkünden, daß der Präsident aus Krankheitsgründen nach Washington zurückkehren müßte.

Wieder im Weißen Haus, ließ sich der Präsident über die letzten Details der kubanischen Bedrohung informieren. Der Moment der Entscheidung war gekommen. Jeder falsche Schritt, der jetzt getan wurde, konnte den nuklearen Holocaust bedeuten. Kennedy wußte, daß von seiner Entscheidung Leben und Tod von Millionen Menschen abhingen. Er beschloß den stufenweisen Schlagabtausch mit seinem Gegenspieler Chruschtschow – wenn nötig, bis zum Äußersten.

In den USA lief noch an diesem Freitag abend die umfassendste militärische Mobilmachung seit 1945 an. Aus Eisenbahndepots im ganzen Land rollten die Züge, um Mannschaften und Material nach Florida zu transportieren. Das taktische Luftkommando versetzte seine Kampfgeschwader in höchste Alarmbereitschaft. Fast tausend Flugzeuge wurden in den Süden der USA verlegt und Sanitätsstaffeln in Marsch gesetzt, um Feldlazarette einzurichten. Der Bundesstaat Florida wurde bis an die Grenzen seiner Möglichkeiten aufgerüstet und Guantanamo, ein kleiner Militärstützpunkt, den die USA auf Kuba unterhielten, massiv verstärkt. Mehr als tausend Ledernacken wurden auf der Basis abgesetzt. Noch immer war die Öffentlichkeit ahnungslos.

Doch am Sonntag, dem 21. Oktober, ließ sich die Krise nicht mehr verbergen. Roger Hilsmann, damals Direktor der Nachrichtenabteilung im US-Außenministerium, war für die gezielten Täuschungsmanöver der Regierung mitverantwortlich: »Kennedy hat bei der *New York Times* und auch bei der *Washington Post* angerufen und gesagt: ›Seht mal, wenn ihr das jetzt veröffentlicht, können die Sowjets etwas tun, um uns

zuvorzukommen!‹ Daraufhin hat die Presse die Sache bis zu seiner Rede am nächsten Tag zurückgehalten.«

Alles, was die Öffentlichkeit am Morgen des 22. Oktober erfuhr, war, daß etwas Besonderes in der Luft lag. Die Schlagzeilen der Morgenpresse lauteten: »Kennedy spricht zur Nation« und »Angelegenheit von höchster nationaler Bedeutung«.

Für die wenigen noch verbleibenden Stunden bis zur Rede Kennedys war strikte Geheimhaltung angesagt. Der gesamte US-Raketengürtel von Grönland bis zur Türkei wurde aktiviert. Ab vierzehn Uhr befand sich die gesamte Nuklearstreitmacht der USA im Verteidigungszustand. Das strategische Luftkommando war in höchster Kampfbereitschaft. Der größte Teil der Bomberflotte bewegte sich nun ständig in der Luft. Alle Aktionen wurden von fliegenden Kommandozentralen aus gesteuert. Alle acht U-Boote kreuzten in Reichweite wichtiger Ziele der Sowjetunion. Sie trugen hundertachtundzwanzig Polaris-Raketen mit sich.

Um achtzehn Uhr am Montag abend, eine Stunde vor der Rede John F. Kennedys an die Nation, wurde Sowjetbotschafter Anatolij Dobrynin zum US-Außenminister zitiert. Zum erstenmal erfuhr der Russe, was die Amerikaner schon seit einer Woche wußten: Auf Kuba befanden sich sowjetische Raketenbasen. Die Reaktion des Präsidenten wurde Dobrynin schriftlich in die Hand gedrückt. Der fiel, wie er heute versichert, aus allen Wolken: »Offen gestanden: Ich war völlig überrascht! Gromyko

*»Jeder Raketen-
abschuß von
Kuba wird mit
einem vollen
Vergeltungs-
schlag gegen die
Sowjetunion
beantwortet.«
US-Präsident
John F. Kennedy
in seiner
Ansprache an das
amerikanische
Volk.*

hatte während seines Besuches noch nicht einmal mir gegenüber die Raketen erwähnt. Folglich glaubte ich zu jenem Zeitpunkt immer noch, daß es gar keine Offensivwaffen auf Kuba gebe!«

Um neunzehn Uhr informierte Kennedy endlich die Öffentlichkeit: »Guten Abend, meine Mitbürger. Zur Abwehr der Gefahr für unser Land habe ich angeordnet, daß sofort folgende Schritte unternommen werden: Erstens, um die Aufrüstung Kubas zu stoppen, wird eine strikte ›Quarantäne‹ über alle Angriffswaffen verhängt, die nach Kuba unterwegs sind. Schiffe aller Art, aus welchem Land sie auch kommen mögen, werden zurückgeschickt, sofern sie Offensivwaffen geladen haben. Zweitens: Ich habe die verstärkte Überwachung Kubas und seiner Aufrüstung angeordnet. Sollten die offensiven militärischen Vorbereitungen weitergehen und damit die Bedrohung für diesen Erdteil verstärken, sind weitere Maßnahmen gerechtfertigt. Drittens: Unsere Politik wird sein, jeden Raketenabschuß von Kuba gegen eine Nation der westlichen Welt als Angriff der UdSSR auf die USA anzusehen, der mit einem vollen Vergeltungsschlag gegen die Sowjetunion beantwortet wird...«

Anschließend unterzeichnete Kennedy den Befehl zur »Quarantäne« Kubas. Der erste Schritt im Pokerspiel um Krieg und Frieden war getan.

Die Krise eskalierte: Sofort wurden die gesamten Streitkräfte des Warschauer Paktes in höchste Alarmbereitschaft versetzt. Auch die NATO-Verbände befanden sich in Alarmbereitschaft. Von Lappland bis zum Schwarzen Meer standen sich zwei hochgerüstete Armeen gegenüber – und warteten auf den Ernstfall.

In einigen Hauptstädten Europas gingen deshalb Kriegsgegner noch in der Nacht zum Dienstag auf die Straße. In London wurden vor der US-Botschaft amerikanische Fahnen verbrannt. Am nächsten Tag kam es in vielen Ländern zu Hamsterkäufen.

Die US-Regierung gab via Fernsehen gute Ratschläge zum Thema »Wie verhält man sich im Atomkrieg richtig?« und präsentierte einen Lehrfilm, dessen Fazit lautete: »Duck and over!« – »Duck dich, und bedeck dich!« Das diente allenfalls der Selbstberuhigung.

Ganz anders reagierte das offizielle Informationssystem in der Sowjetunion. Chruschtschows Schwiegersohn, der Journalist Alexej Adschubej, erinnert sich: »Ich möchte auf keinen Fall die Amerikaner beleidigen, da ich sie sehr schätze. Aber man muß doch feststellen, daß die allgemeine Hysterie, auch bei den politischen Entscheidungsträgern, in den USA wesentlich ausgeprägter war als bei uns. Das soll nicht heißen, daß ich damit unsere Verantwortlichen für ihr Verhalten loben möchte. Aber man muß doch feststellen, daß der eher geschlossene Charakter unserer Gesellschaft und die wenigen Informationen, die uns über die Krise gegeben wurden, Millionen Menschen vor panischer Reaktion bewahrt haben.« Soviel zu den Segnungen der Meinungsfreiheit im realen Sozialismus.

In Havanna betrieb Staatschef Fidel Castro unterdessen das, was er am besten konnte: demagogische Salven gegen seinen Widersacher Kennedy abfeuern. Seinem Volk befahl er, sich sofort auf die Abwehr amerikanischer Invasionstruppen vorzubereiten.

Präsidentenberater Sorensen blickte inzwischen besorgt auf Berlin. Würden die Sowjets hier einen zweiten Kampfschauplatz eröffnen? »Es war klar, daß mit den Raketen auf Kuba von uns auch Zugeständnisse in West-Berlin erpreßt werden sollten. Das war ein wichtiger Grund, warum sie der Präsident weghaben wollte. Als wir mit einer ›Quarantäne‹ reagierten, hielten wir es für äußerst wahrscheinlich, daß die Sowjets unsere Kubablockade mit einer neuen Berlinblockade beantworten würden. Also haben wir Vorsorge getroffen, um für eine neue Luftbrücke gerüstet zu sein und sowohl West-Berlin als auch Westdeutschland auf diesen Notfall vorzubereiten.«

Am Mittwoch morgen, dem 24. Oktober, senkte sich vor Kuba der Blockadevorhang. Neunzehn Schiffe hatten ihre Position erreicht. Ihre Stellungen waren so gewählt, daß die sowjetischen MIG 21 sie nicht erreichen konnten. Achthundert Kilometer östlich von Kuba stand nun der Ring, und fast stündlich wurde er dichter und dichter. Bald entstand ein zweiter Ring mit zusammen einundvierzig Schiffen und noch einmal zwanzigtausend Mann.

Was aber ging in diesem Augenblick auf Kuba vor? Die neuesten Aufnahmen übertrafen die schlimmsten Befürchtungen. Die Arbeit an den Abschußrampen war so gut wie beendet, die Raketen lagen schon an Ort und Stelle. Wenn die sowjetischen Raketen abschußbereit waren, könnten sie in nur sechs Minuten alle amerikanischen Städte im Umkreis von zweitausendfünfhundert Kilometern erreichen. Die auf Kuba stationierten Sowjettruppen waren auf die Abwehr eines amerikanischen Angriffs vorbereitet. Zwei ganze Divisionen standen allein für die Luftabwehr bereit. Von hundertvierundvierzig Startrampen konnten sie mit konventionellen 75er-Raketen noch in dreißig Kilometer Höhe Flugzeuge abschießen. Erst dreißig Jahre später wird bekannt, daß die Sowjets überdies taktische Atomraketen vom Typ Luna mit einer Reichweite von fünfundsechzig Kilometern hatten, die gegen amerikanische Landetruppen eingesetzt werden konnten. Im Fall einer Landung wäre also eine nukleare Eskalation programmiert gewesen.

Aber noch galt die erste Stufe der amerikanischen Reaktion: die Seeblockade. Am Donnerstag, dem 25. Oktober, kurz vor acht Uhr morgens war im Marinekontrollzentrum des Pentagon die Spannung fast greifbar. Nur noch wenige Minuten, dann würde es zur ersten Berührung zwischen einem amerikanischen und einem sowjetischen Schiff kommen. Es war die »Bukarest« – sie gab sich als sowjetischer Öltanker zu erkennen. Aufklärungsflugzeuge bestätigten: Keine verdächtige Ladung an Bord. Das Schiff kann die Sperrlinien passieren.

»Wir haben dieses eine Schiff durchgelassen«, sagt heute Robert McNamara, der damalige Verteidigungsminister, »weil wir befürchteten, daß Chruschtschow möglicherweise nicht genug Zeit geblieben war, um all seinen Kapitänen klare Anweisungen zu geben, oder vielleicht gerade die Funkverbindung zu genau dem Frachter nicht zustande kam, der jetzt schon vor der Küste Kubas kreuzte.«

Die Konfrontation auf See war also vorerst aufgeschoben. Im Sicherheitsrat der Vereinten Nationen jedoch erreichte sie an diesem Donnerstag mit dem Schlagabtausch zwischen dem US-Botschafter Stevenson und seinem mit allen Wassern gewaschenen sowjetischen Kollegen Sorin einen dramatischen Höhepunkt. Stevenson fragte Sorin im Stil eines Staatsanwalts: »Sir, lassen Sie mich Ihnen eine einfache Frage stellen! Leugnen Sie, Botschafter Sorin, daß die UdSSR Mittelstreckenraketen und Interkontinentalraketen auf Kuba aufgestellt hat und noch immer aufstellt? Ja oder nein? Warten Sie nicht erst die Übersetzung ab. Ja oder nein?« Sorin erwiderte: »Ich bin hier nicht in einem amerikanischen Gerichtssaal, Sir, und deshalb möchte ich keine Frage beantworten, die mir wie durch einen Ankläger vorgetragen wird. Sie werden Ihre Antwort schon rechtzeitig erhalten.«

Stevenson blieb hartnäckig: »Sie können mit Ja oder Nein antworten. Sie haben geleugnet, daß die Raketen existieren. Ich will wissen, ob ich Sie richtig verstanden habe.«

Sorin wich weiter aus: »Würden Sie nun bitte mit Ihren Ausführungen fortfahren. Sie werden Ihre Antwort rechtzeitig erhalten.«

Stevenson zeigte offen seinen Ärger: »Wenn das Ihre Entscheidung ist, dann bin ich bereit, auf meine Antwort zu warten, bis die Hölle einfriert.«

Am Morgen des 26. Oktober kam es gegen sieben Uhr dreihundert Kilometer nordöstlich von Nassau, Bahamas, zu einer erneuten Konfrontation: Der amerikanische Zerstörer »Joseph Kennedy Jr.« hißte das internationale Flaggenzeichen für »Beidrehen«. Das Signal galt dem von den Sowjets gecharterten Schiff »Marukla«. Die ganze Nacht über hatte der US-Zerstörer den Frachter beschattet. Nun gab der Präsident persönlich den Befehl: »Entern und durchsuchen!«

Das Warten begann. Wie würden die Sowjets reagieren?

Um 7.24 Uhr stand die Entermannschaft bereit. Um 7.29 Uhr ließ der US-Zerstörer eines seiner Beiboote zu Wasser. Um 7.32 Uhr setzte die »Marukla« ihre Bordleiter herab. Um 7.50 Uhr meldete die Entermannschaft: »Gruppe an Bord der ›Marukla‹, keine Schwierigkeiten zu erwarten.« Um elf Uhr konnte die »Marukla« ihre Fahrt fortsetzen. Das Schiff führte kein Kriegsmaterial mit sich.

Gegen Mittag lagen die Fotos vom neuesten Erkundungsflug über Kuba vor. Kein Zweifel: In zwei Tagen wären die Mittelstreckenraketen feuerbereit. Die Falken im Aktionsausschuß drängten auf Vergeltung. Was das bedeutet hätte, wissen wir heute. Noch stand die Luftwaffe der

UNITED STATES
UNITED KINGDOM
UNITED ARAB REPUBLIC
UNDER SECRETARY
PRESIDENT
SECRETARY GENERAL

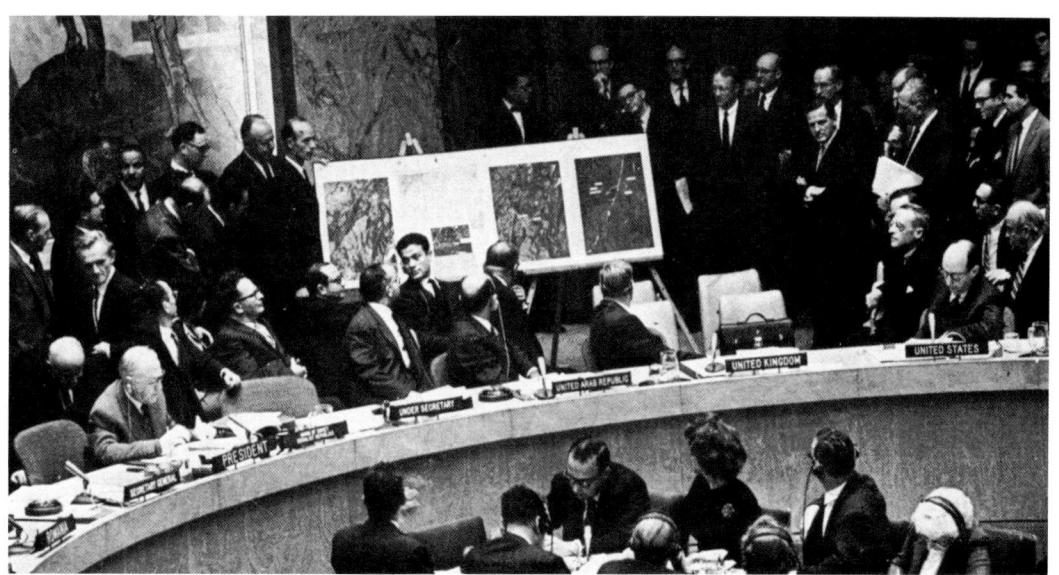

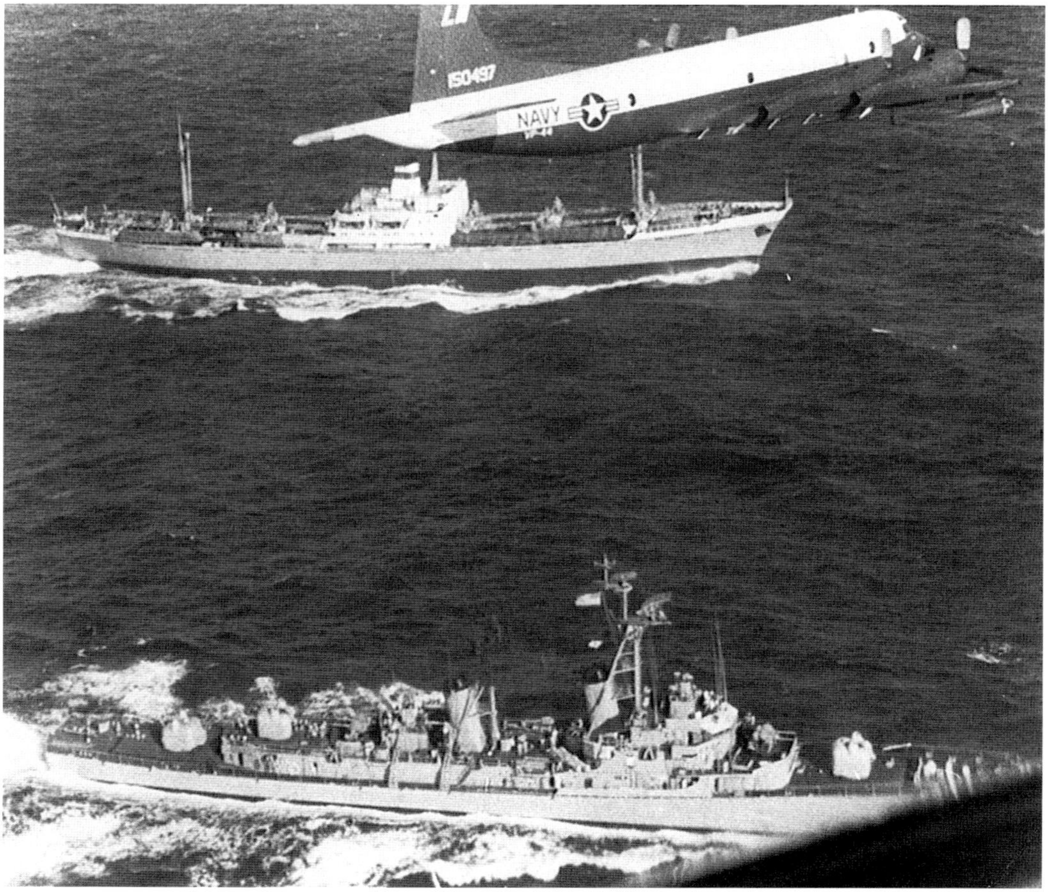
150497
NAVY

USA in Wartestellung. Doch von diesem DEFCON 2 zu DEFCON 1, dem Kriegszustand mit der Sowjetunion, war es nur noch ein kleiner Schritt.

Um achtzehn Uhr Washingtoner Zeit traf unerwartet eine Botschaft Chruschtschows ein. In einem langen, gewundenen Schreiben verlangte der Kremlchef von Kennedy, die Situation nicht weiter anzuheizen. Keines der sowjetischen Schiffe mit Kurs auf Kuba führe mehr Kriegsmaterial bei sich, die notwendigen Waffen seien schon dort. »Sie und ich, Herr Präsident«, so hieß es weiter, »sind wie zwei Männer, die an einem Strick mit einem Knoten ziehen. Wird der Knoten jetzt zu fest, dann hilft nur noch das Schwert, ihn aufzulösen.«

Das waren in dieser gefährlichen Situation lediglich schöne Worte. Sowjetbotschafter Dobrynin kritisiert deshalb in der Rückschau die Politik des Kreml: »Auf unserer Seite fehlte jegliche Planung! Man darf schließlich nicht nur den ersten, sondern muß auch den zweiten und dritten Schritt vorausberechnen. Aber Moskau hatte damals kein Konzept. Man entschied spontan je nach Lage der Dinge.«

Als ob die Krise nicht schon zugespitzt genug sei, traf am frühen Samstag morgen, dem 27. Oktober, eine schockierende Nachricht in Washington ein: Ein amerikanisches U-2-Spionageflugzeug war über Kuba abgeschossen worden! Der Pilot Rudolf Anderson kam dabei ums Leben.

»Das war ein extrem gefährlicher Augenblick«, erinnert sich Robert McNamara. »Einige von uns meinten, Chruschtschow habe den Abschuß gewollt! Das sei ein ruchloser Akt, und folglich wolle er den Konflikt ausweiten. Also müßten wir unverzüglich losschlagen, indem wir die Luftverteidigungseinheiten auf Kuba angriffen. Andere wiederum sagten: ›Nein! Es handelt sich womöglich um einen Irrtum. Und deshalb sollten wir nicht diejenigen sein, die zuerst die Krise verschärfen.‹«

General Titow, Stabschef der auf Kuba stationierten Sowjettruppen, erklärt den Abschuß so: »Wir befürchteten in diesem Augenblick, daß durch die amerikanischen Aufklärungsflüge der tatsächliche Umfang unserer Truppenpräsenz enttarnt werden könnte. Und deswegen stellte sich die akute Frage: Was tun? Den Befehl zum Abschuß konnte nur das Oberkommando geben. Und weil sich Moskau auf unsere Anfragen hin nicht rührte, traf der örtliche Truppenbefehlshaber eben eigenmächtig die Entscheidung, die U-2 abzuschießen!«

Pünktlich um zehn Uhr trat an diesem Morgen der Aktionsausschuß zusammen. Auf der Tagesordnung standen die Antwort auf Chruschtschows Geheimbrief und der U-2-Zwischenfall. In diese nervöse Krisenatmosphäre platzte ein zweiter Brief des Kremlchefs. Er war viel härter formuliert als der erste. Er verlangte als Vorbedingung die Beseitigung der amerikanischen Jupiter-Raketen in der Türkei. »Dieser

zweite Brief«, erinnert sich Ted Sorensen, »hat im Aktionsausschuß wie eine Bombe eingeschlagen! Der erste Brief hat uns noch hoffen lassen, nun aber waren wir überzeugt: Jetzt kommt das Schlimmste.«

In dieser Situation griff Robert Kennedy ein: Dem deprimierten Präsidenten riet er, Chruschtschows zweiten Brief einfach zu ignorieren.

Aber auch Chruschtschow wußte, daß jetzt nicht mehr die Stunden, sondern die Minuten zählten. Die Entscheidung über Frieden oder Krieg fiel in dieser Nacht jedoch in Washington. In hoffnungsloser Lage traf sich Präsidentenbruder Bobby Kennedy mit Sowjetbotschafter Anatolij Dobrynin. Der erinnert sich: »Er begann mit der Forderung, daß die Raketen – so oder so – wegmüßten. Und er machte ein Angebot: Wenn Chruschtschow bereit wäre, auf die Raketen zu verzichten, dann würde Amerika nicht nur die Seeblockade beenden, sondern auch eine Garantie abgeben, Kuba nicht zu überfallen. Damit wies Kennedy einen Weg für

Chruschtschow, bei einem Rückzug auch den russischen Politikern gegenüber das Gesicht zu wahren. Mehr noch: Indem Kennedy zustimmte, die Jupiter-Raketen aus der Türkei abzuziehen, war ganz plötzlich eine echte Chance zur Krisenlösung da.«

Während der sowjetische Generalstab den amerikanischen Luftangriff auf Kuba schon für unvermeidlich hielt, reagierte der sowjetische Parteichef unerwartet rasch und unkonventionell. Weil die Zeit drängte, meldete er sich via Rundfunk: »This is radio Moscow . . .« – »Hier spricht Radio Moskau. Der Vorsitzende Chruschtschow hat eine Nachricht an Präsident Kennedy geschickt. Die sowjetische Regierung hat den Abbau der Waffen auf Kuba sowie deren Verladung und Verschiffung in die Sowjetunion angeordnet.«

Nikita Chruschtschow hatte die Entscheidung ganz allein getroffen – was Fidel Castro heute noch empört: »Er wußte, daß wir absolut gegen diesen Tauschhandel waren, die sowjetischen Raketen auf Kuba gegen die US-Raketen in der Türkei aufzurechnen. Das widersprach der Theorie, daß die Raketen der Verteidigung Kubas dienen sollten. Man konnte Kuba doch nicht verteidigen, indem man Raketen aus der Türkei abzog! Ich unternahm danach alles, um die Beziehungen zwischen Kuba und der Sowjetunion zu retten. Ich wollte, daß sie sich nicht noch weiter verschlechterten. Trotzdem muß ich sagen, daß die Lösung der Krise von 1962 noch jahrelang die Beziehungen zwischen der Sowjetunion und Kuba belastet hat.«

An diesem Samstag abend gab es auf dem Roten Platz in Moskau zwar noch eine Siegesfeier: Der 28. Oktober 1962 war zugleich der hundertfünfzigste Jahrestag der Niederlage Napoleons. Doch die Raketen, die an diesem Abend über Moskau niedergingen, waren nur Feuerwerk. Die Raketen, die aus Kuba abgezogen wurden, hatte man entschärft. Flieger der US-Marine kontrollierten sie aus der Luft.

»Für uns Militärs«, erinnert sich General Gribkow, »war diese Kontrolle ein unglaublich demütigender Akt. Die amerikanischen Flugzeuge und Hubschrauber flogen über unsere Schiffe, wir schlugen die Abdeckplanen zurück und sagten damit praktisch: ›Sehen Sie her, meine Herren, hier sind wieder vier Raketen!‹ Die Amerikaner überprüften das und sagten dann einfach: ›Okay.‹«

Kennedy war sichtlich erleichtert. Nachdem ein Pressesprecher das offizielle Ende der Raketenserie verkündet hatte, ging der Präsident in die Kirche.

Aber war die Gefahr wirklich gebannt?

Robert McNamara berichtet, daß er damals nicht an die Existenz sowjetischer Kurzstreckenraketen auf Kuba geglaubt hatte: »Obwohl wir dachten, die Krise wäre nun vorbei, blieben unsere Invasionstruppen weiter in Bereitschaft. Und nur einen Tag nach Chruschtschows Radiomeldung geschah folgendes: Admiral Dennyson, der Oberkommandierende unserer Invasionsstreitkräfte, schickte eine dringende Nachricht an den Generalstab und an mich, daß er über Informationen verfüge, nach denen die Sowjets ihre Verbände auf Kuba mit atomaren Kurzstreckenraketen ausgerüstet hätten, von denen wir bis dahin keine Ahnung hatten. Also bat Dennyson um Genehmigung, unsere Invasionstruppen vorsichtshalber genauso zu bewaffnen. Ich besprach das mit dem Generalstab, und wir kamen zu dem Schluß, daß seine Befürchtungen grundlos wären. Wir wollten schließlich kein neues Risiko eingehen, weil die Hemmschwelle für den Einsatz taktischer Atomwaffen gefährlich niedrig liegt. Also sagten wir nein.

Erst kürzlich kam heraus, daß Dennyson tatsächlich recht hatte! Die Sowjets verfügten wirklich über Kurzstreckenraketen auf Kuba! Und sie hatten die Genehmigung, sie nach eigenem Gutdünken einzusetzen. Mit anderen Worten: Wenn wir in Kuba einmarschiert wären, hätte das den Atomkrieg gebracht. Gar keine Frage! Wir hätten sofort unsere Flugzeugverbände mit Atomwaffen losgeschickt! Denn können Sie sich vorstellen, daß ein US-Präsident tatenlos der Abschlachtung Zehntausender seiner Soldaten durch, wie wir neuerdings wissen, neun russische taktische Nuklearsprengköpfe zugesehen hätte? Natürlich nicht. Und wie hätten die Sowjets als nächstes auf die totale Vernichtung ihrer und der kubanischen Truppen auf der Insel reagiert? Wer weiß? Und was wäre mit der NATO geschehen? Was mit Deutschland? Wie wäre die Eskalation des Atomkriegs weitergegangen? Wer weiß? Das Risiko war damals sehr viel größer, als wir dachten.«

Der Dritte Weltkrieg fand nicht statt – nach dreizehn Tagen zwischen Angst und Hoffnung. Und es gab weder Sieger noch Besiegte. Der Kalte Krieg der Supermächte hatte seinen Gipfelpunkt erreicht. Er war zugleich der Wendepunkt der Auseinandersetzung. Denn die beiden Großen sagten sich, daß sie nie wieder so nahe an den Rand der atomaren Katastrophe rücken durften.

Nicht menschliche Vernunft hatte den globalen Holocaust im Kalten Krieg verhindert, sondern nur das atomare Patt. Das ist es, was die Kubakrise lehrt.

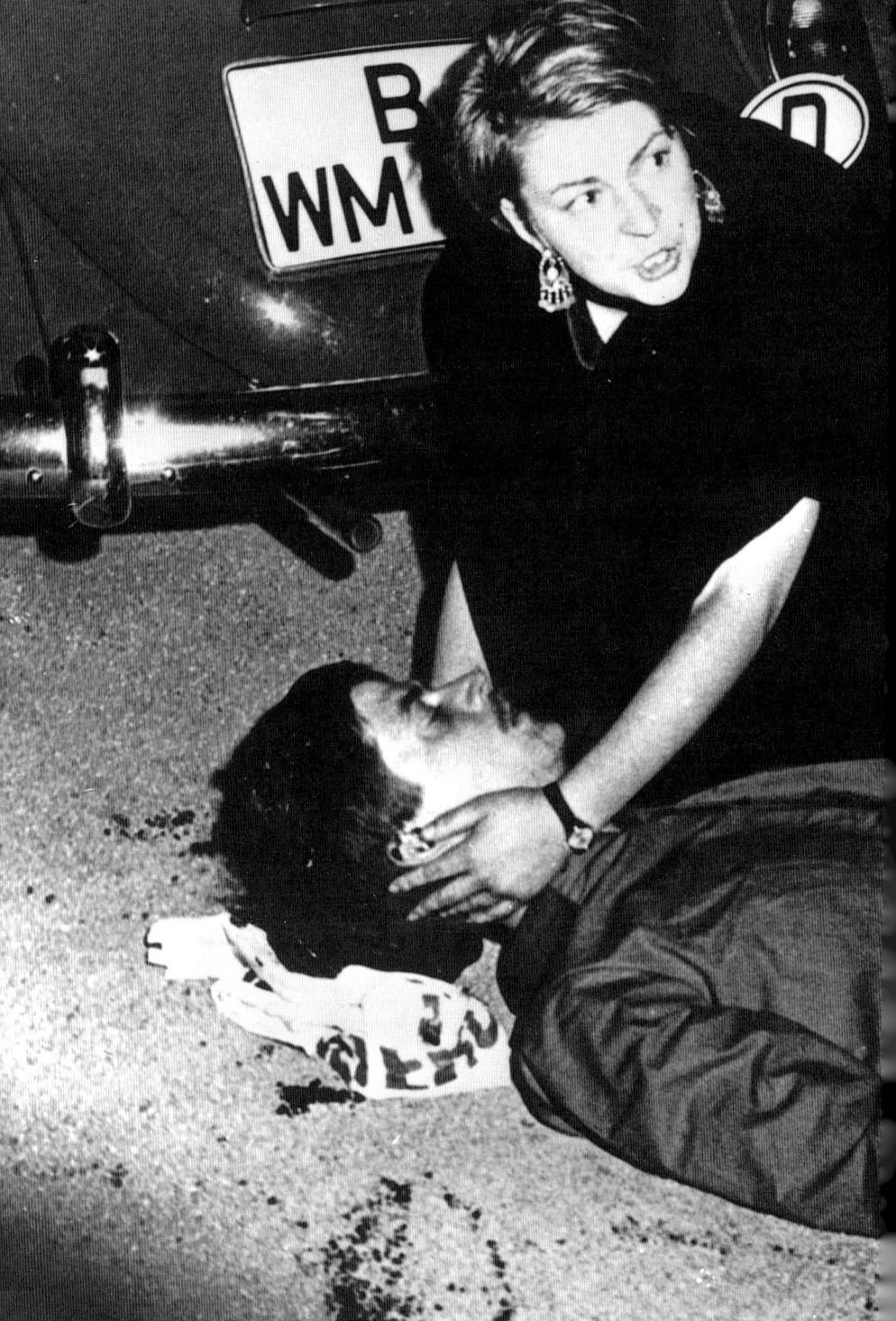

Das Opfer

Das Opfer

Was genau vorgefallen ist, kann die Studentin Friederike Dollinger in dem Menschengewirr auf dem Innenhof nicht erkennen, und sie ahnt auch noch nichts von der Tragweite des Geschehens. Sie sieht nur, wie ein großer junger Mann mit rotem Hemd und heller Hose regungslos am Boden liegt. Als sie zu ihm läuft und seinen Kopf vorsichtig auf ihre Handtasche bettet, nimmt sie wahr, daß aus seinem Ohr Blut rinnt. Daß er im Sterben liegt, erkennt sie nicht, auch nicht, daß es eine Schußverletzung ist. Sie weiß nur, daß er sofort Hilfe braucht. Eindringlich beschwört die junge Frau zwei Polizeibeamte, die ihr zu Leibe rücken wollen, lieber einen Krankenwagen zu holen, um dem Mann zu helfen. Diesen Augenblick hat ein Foto eingefangen, das zum bleibenden Dokument eines folgenreichen Tages werden sollte.

Für den sechsundzwanzigjährigen Benno Ohnesorg kam an diesem Abend des 2. Juni 1967 jede Hilfe zu spät. Nur kurz nach seinem Abtransport starb er in einem Berliner Krankenhaus. Wie die spätere Autopsie ergab, hatte eine Polizeikugel aus drei bis fünf Meter Entfernung seinen Hinterkopf durchschlagen. Dieser Schuß traf die Republik ins Mark. Er war der Auslöser für eine Studentenrevolte, die die bundesdeutsche Gesellschaft grundlegend erschütterte, der Auftakt für eine Welle von Gewalt und Gegengewalt, vor allem aber für eine tiefgreifende Umgestaltung der politischen Kultur.

Wie viele ihrer Altersgenossen betrat die Geschichtsstudentin Friederike Dollinger an diesem 2. Juni 1967 politisches Neuland: Noch nie zuvor war sie für eine politische Demonstration auf die Straße gegangen: »Ich wußte nicht einmal so recht, was man sich unter Protest außer Schreien genau vorzustellen hatte.« Doch von der moralischen Berechtigung des Protests war sie fest überzeugt. Am Vorabend hatte sie mit zweitausend ihrer Kommilitonen im überfüllten Auditorium maximum der Freien Universität den eindringlichen Bericht des iranischen Historikers Bahman Nirumand über Repression, Folter, Ausbeutung und Analphabetismus im Iran gehört. Und nun war der Alleinherrscher dieses Landes, Schah Resa Pahlewi, zum offiziellen Besuch in West-Berlin geladen. Die Studenten beschlossen, dem hofierten Staatsgast einen unbequemen Empfang zu bereiten.

Der umstrittene Alleinherrscher als hofierter Staatsgast: Schah Resa Pahlewi (Mitte) wird von Berlins Regierendem Bürgermeister Heinrich Albertz empfangen.

Als der Schah am Mittag des 2. Juni mit seiner von den Gazetten umschwärmten Frau Farah Diba vor dem Schöneberger Rathaus vorfuhr, wurde er von einigen hundert Studenten mit gellenden Pfiffen und Rufen wie »Schah, Schah, Scharlatan!« oder »Mörder, Mörder!« begrüßt. Doch unter die kritischen Sprechchöre mischten sich auch Hochrufe auf den persischen Potentaten. Etwa achtzig junge Iraner hatten sich mit Schildern »Es lebe der Schah!« vor dem Rathaus postiert, um Spalier für ihren Herrn zu stehen. Wie später bekannt wurde, standen sie im Sold des berüchtigten iranischen Geheimdienstes Savak. Für ihren Auftritt wurden sie eigens aus München eingeflogen und auf Weisung des Berliner Polizeichefs durch die Absperrung geschleust.

Kaum war das Herrscherpaar durch das Rathausportal entschwunden, stürmten die »Jubelperser«, wie sie in Berlin fortan hießen, mit Latten, Eisenrohren und Stahlkugeln auf die Demonstranten los. »Ich sah zu meinem Schrecken, daß einer der Schahanhänger mit einem Totschläger auf einen jungen Mann losging, der neben mir stand und lediglich gerufen hatte«, gab der CDU-Stadtrat Walter Siepmann, ein Augenzeuge des Geschehens, später zu Protokoll. »Die Angreifer schlugen so heftig zu, daß ihre Latten teilweise auf der Barriere zersplitterten. Zu meinem Erstaunen schaute die Polizei, die hinter uns Aufstellung genommen hatte, diesen Angriffen gegen Unbewaffnete minutenlang tatenlos zu.« Als berittene Polizisten nach einer Weile doch einschritten, waren es ausschließlich Schahgegner, die ihre Gummiknüppel zu spüren bekamen. Fünf Studenten wurden festgenommen. Die »Jubelperser« kamen unbehelligt davon.

Diese Konfrontation verschärfte die Auseinandersetzung. Für die Demonstranten schien sich das Feindbild der Kumpanei zwischen der »imperialistischen« Staatsmacht und einem diktatorischen Unrechtsregime zu bestätigen. Im vorherrschenden Bewußtsein der Öffentlichkeit hingegen waren die Studenten ohnehin nichts weiter als gemeingefährliche »Störenfriede« und »Radaubrüder«, die einen hochrangigen Staatsgast beleidigten. »Die Stimmung in der Stadt wandte sich in diesen Jahren gegen die Studenten, mit denen früher immer Einverständnis geherrscht hatte«, zeichnet der damalige Innensenator Wolfgang Büsch (SPD) das Meinungsbild der Zeit nach. »Jeder, der sich als Gegner der hier vorherrschenden Mehrheit zu erkennen gab, wurde sofort als Kommunist angesehen, und die Kommunisten waren eben diejenigen, die Berlin eingemauert hatten.«

Der Rechtsanwalt Horst Mahler, der den 2. Juni von der »anderen Seite der Barrikade« aus erlebte, kann die Polarisierung nur bestätigen: »West-Berlin war von Haß zerrissen. In der ›Frontstadt‹ des Kalten Krieges nun diese Fundamentalopposition, die mit dem Sozialismus oder gar dem Kommunismus sympathisierte: Sie war ein Objekt des Hasses. Die sogenannte ›schweigende Mehrheit‹ hat sicherlich gebilligt, was die Polizei an diesem Tag vorgeführt hat. Das war eine Bestrafungsaktion, bei der das ›gesunde Volksempfinden‹ durch den Arm der Polizei tätig geworden ist.«

Die Stimmung gegen die Studenten wurde von der Presse, allen voran den Blättern des Springer-Verlags, kräftig angeheizt. »Unruhestifter unter den Studenten ausmerzen«, forderte die *Berliner Morgenpost*, und *Bild* gab die Empfehlung: »Polizeihiebe auf Krawallköpfe, um den möglicherweise doch vorhandenen Grips locker zu machen.«

Zusätzlicher Druck zur Durchsetzung einer strikten Law-and-Order-Politik ging – direkt oder vermeintlich – von den Besatzungsmächten aus, denen in der Inselstadt nach wie vor das letzte Wort zukam. »Wenn die Sicherheit des Schahs nicht gewährleistet gewesen wäre oder wenn gar die Alliierten selbst in irgendeiner Weise gefährdet gewesen wären«, davon ist Exinnensenator Büsch heute überzeugt, »dann hätten die eigentlichen Machthaber, die alliierten Schutzmächte, von sich aus eingegriffen.«

Vorbeugend verhängte das Bonner Innenministerium zum Schahbesuch die höchste Sicherheitstufe. Über fünftausend Polizisten, in Uniform oder Zivil, patrouillierten durch die Straßen der Stadt. Senatspressesprecher Peter Herz ließ sich angesichts der Schahgegner zu der unverblümten Drohung hinreißen: »Na, heute können diese Burschen sich ja auf etwas gefaßt machen, heute gibt es Dresche.« Die Eskalation war vorgezeichnet.

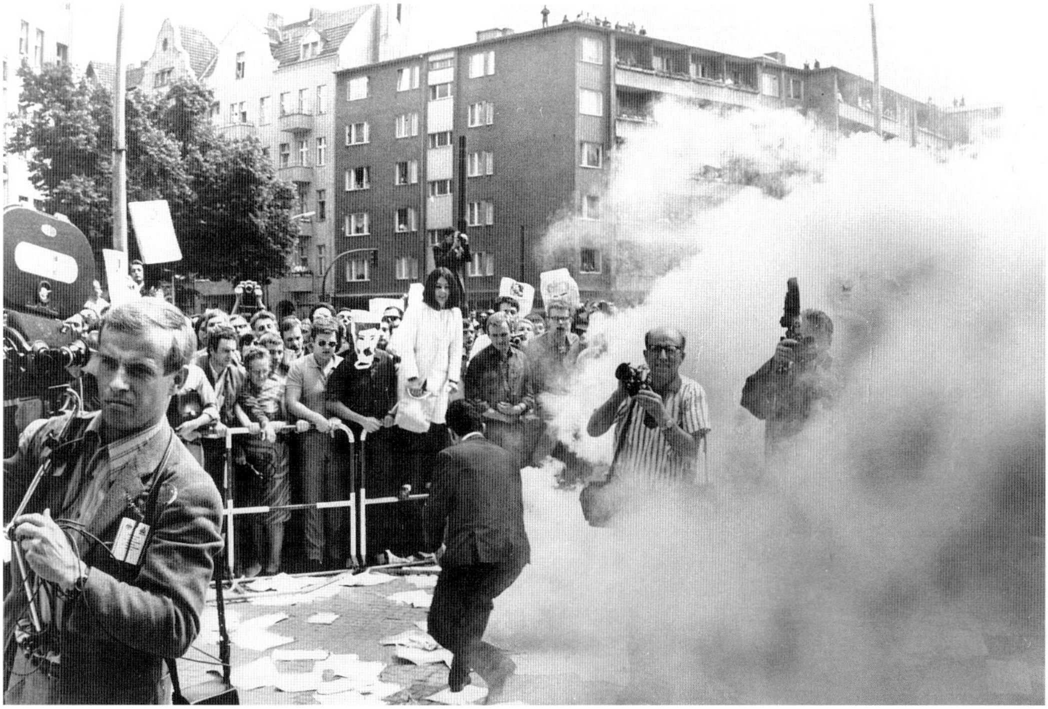

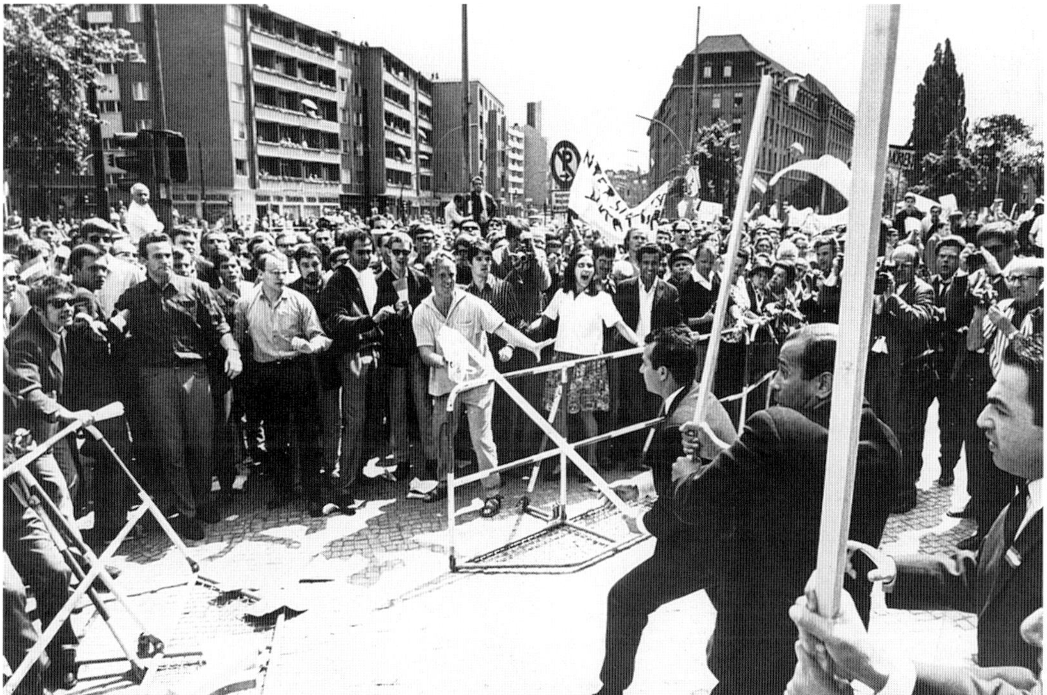

Der Berliner Innensenator Wolfgang Büsch (SPD) war für den Polizeieinsatz gegen die Schahgegner verantwortlich. Drei Monate später trat er von seinem Amt zurück.

Anfangs herrschte eine eher heiter-friedliche Stimmung vor der Deutschen Oper in Charlottenburg, wo das persische Kaiserpaar am Abend in Begleitung des Regierenden Bürgermeisters Heinrich Albertz und des Bundespräsidenten Heinrich Lübke nebst Ehefrauen den Klängen von Mozarts »Zauberflöte« lauschen sollte. Nach und nach füllte sich der Gehweg gegenüber der Oper an der Bismarckstraße. Die Polizei hatte die gesamte Straße gesperrt. Nur der Gehweg, ein sieben Meter schmaler Korridor – hinten von einem Bauzaun, vorne von Absperrgittern begrenzt –, war für die Demonstranten und Schaulustigen reserviert. Zuletzt drängten sich etwa dreitausend Menschen, darunter Frauen, Kinder, Alte, in dem Areal wie in einem Käfig.

Als um 19.50 Uhr die Wagenkolonne vorfuhr, gab es kein Halten mehr – für den Gastgeber ein Alptraum: »Die Straße schwarz von Tausenden von Menschen, die Absperrungen durchbrochen. Wir mußten auf den Bürgersteig auffahren und direkt vor dem Eingang der Oper halten. Ein infernalisches Geschrei, Eier, Farbbeutel flogen, wohl auch ein paar Steine. Nur mit Mühe kamen wir durch die Tür«, beschrieb Heinrich Albertz im Rückblick den Empfang. »Ich sagte zu dem ersten Polizeioffizier, dem ich hinter der Tür begegnete: ›Ich hoffe, daß sich bei der Abfahrt dieses Schauspiel nicht wiederholt.‹«

War es dieser Wink des damaligen Regierenden Bürgermeisters, der den Ausschlag gab? Oder war es einfach die willkommene Gelegenheit,

Der 2. Juni 1967 geriet für ihn zum Wendepunkt: der Berliner Anwalt Horst Mahler.

an den aufmüpfigen Studenten ein Exempel zu statuieren? Tatsache ist, daß kurz nach zwanzig Uhr, während die Festgäste im Opernsaal noch stehend der Nationalhymne lauschten und sich die Lage auf dem Vorplatz längst wieder beruhigt hatte, draußen schlagartig eine martialische Aufführung begann. Ohne Vorwarnung stürmte ein Trupp Polizisten mit gezogenen Schlagstöcken im Laufschritt auf die Absperrgitter zu. Eingekeilt in die Menschenmenge, wurde auch die Studentin Friederike Dollinger Augenzeugin dieses Überfallkommandos: »Man muß sich das einmal vorstellen: Da stand eine dichtgedrängte Reihe von Demonstranten. Und die Polizisten brachen da einfach mittenrein, mit brutaler Gewalt, mit Prügeln. Da haben sich Szenen abgespielt, die mir bis heute im Gedächtnis geblieben sind. Die Leute haben sich gegenseitig umgetrampelt, und alle waren in heller Panik.«

Polizeipräsident Erich Duensing erläuterte seine Taktik am nächsten Tag vor der Presse mit einem besonders anschaulichen Bild: »Nehmen wir die Demonstranten als Leberwurst, dann müssen wir in die Mitte hineinstechen, damit sie an den Enden auseinanderplatzt.«

In der Mitte, wo die Polizei den »harten Kern« der Demonstranten vermutete, wurden die Menschen eingekesselt, an den Bauzaun gedrängt und mit Knüppeln niedergeschlagen. Es dunkelte bereits, als unter dem Kennwort »Füchse jagen« die zweite Phase der Räumung begann. Während Polizeiketten versuchten, die Demonstrantenmenge von der

Oper weg in eine Seitenstraße abzudrängen, wurden Kriminalbeamte der politischen Abteilung zur Jagd auf vermeintliche Rädelsführer eingesetzt. Statt eines Gummiknüppels trugen diese »Greifer« eine Pistole unterm Jackett.

In der Krummen Straße, wohin eine Gruppe von Demonstranten vor Schlagstöcken und Wasserwerfern geflohen war, spielten sich wilde Szenen ab. Einer der Greiftrupps war einem jungen Mann auf den Fersen, der wegen seiner Trillerpfeife als Rädelsführer angesehen wurde und der nun Zuflucht in einem als Parkplatz genutzten Arkadenhof suchte. Eine Übermacht von Polizisten, die in dem dunklen Hof einen Hinterhalt vermutete, stürmte hinterher. Die Falschmeldung, daß ein Polizeibeamter mit einem Messer erstochen worden sei, hatte die Pogromstimmung zusätzlich angeheizt.

Unter den Demonstranten, die dem Bedrängten zu Hilfe eilten, war auch der sechsundzwanzigjährige Philologiestudent Benno Ohnesorg. Seine schwangere Frau hatte er in dem Getümmel aus den Augen verloren. Überall herrschten heilloses Chaos und Panik. Als Benno Ohnesorg versuchte, wieder auf die Straße zu entkommen, wurde er von Polizeibeamten daran gehindert – mit roher Gewalt, wie die Studentin Erika Hoerning später berichtete: »Aus dem Dunkel tauchte plötzlich ein uniformierter Beamter auf und schlug dem Mann im roten Hemd mit dem Schlagstock von hinten auf den Kopf. Der Getroffene sank langsam in sich zusammen, und nun kamen zwei Polizisten hinzu. Zu dritt schlugen sie auf ihn ein. Ein Polizist trat auf die rechte Hand und den Arm und beide Polizisten rechts und links in die Beckengegend des Liegenden.«

In dem Lärm und Geschrei nahm kaum jemand wahr, daß Ohnesorg von einem Schuß getroffen wurde. Die Kugel war hinter dem Ohr in das Gehirn eingedrungen. Sie stammte aus der Dienstwaffe des vierzigjährigen Kriminalbeamten Karl-Heinz Kurras, der wenige Meter hinter dem Getroffenen mit entsicherter Pistole ganz entgeistert dastand. »Die ist mir losgegangen«, stammelte er, als ein Kollege bemerkte, was vorgefallen war.

Noch in der Nacht gaben sich die Behörden alle Mühe, den Vorfall zu verschleiern. Immer neue Varianten über die Todesursache wurden der Presse serviert. Erst sollte Ohnesorg an einem Schädelbasisbruch gestorben sein; zuletzt hieß es, Kurras habe, am Boden liegend und von Messern bedroht, in Notwehr geschossen.

Daß keine der Versionen letztlich der Überprüfung standhielt, lag nicht zuletzt an der Beharrlichkeit eines jungen Rechtsanwalts, in dessen Leben dieses Ereignis einen Wendepunkt markierte: »Noch in der Nacht habe ich mit der Witwe gesprochen und von ihr das Mandat erhalten«, berichtete Horst Mahler. »Von da an war ich praktisch vierundzwanzig Stunden auf den Beinen. Ich war bei der Obduktion dabei, habe also noch

Mit »Sit-ins« fing es an: Protest der Studenten gegen die Visite des persischen Potentaten.

Kontrastprogramm zur »Zauberflöte«: Während der Schah Mozarts Klängen lauscht, kommt es vor der Oper zu heftigen Zusammenstößen.

Sie hielt den sterbenden Benno Ohnesorg in ihren Armen. Nach diesem Erlebnis schloß sich Friederike Dollinger der studentischen Protestbewegung an.

die Pistolenkugel in die Blechschale klicken hören und konnte daher sofort sagen, wo das Geschoß saß, wie der Geschoßkanal verlief, so daß eine Vertuschung von dem Augenblick an nicht mehr möglich war. Mit dieser Meldung bin ich dann auf den Campus gegangen, und das hat entsprechende Wirkung gezeigt.«

Die Studenten, die in der Universität über das weitere Vorgehen berieten, waren empört und tief verstört. »Das Zutrauen«, so Mahler, »wenn es denn je vorhanden war zu dieser Polizei, zu dieser Justiz, war verflogen.« Benno Ohnesorgs Tod mobilisierte die Studentenbewegung, die nun von Berlin auch auf andere deutsche Universitäten übergriff und eine deutlich politische Färbung erhielt. Der Regierende Bürgermeister Heinrich Albertz beantwortete die Trauerkundgebungen mit einem generellen Demonstrationsverbot und schickte Polizeihundertschaften auf den Campus. Noch in der Nacht hatte er im Rundfunk eine vorformulierte Erklärung verlesen, mit der er der Berliner Bevölkerungsmehrheit gewiß aus der Seele sprach: »Die Geduld der Stadt ist am Ende. Einige Dutzend Demonstranten, unter ihnen auch Studenten, haben das traurige Verdienst erworben, nicht nur einen Gast der Bundesrepublik Deutschland in der deutschen Hauptstadt beschimpft und beleidigt zu haben, sondern auf ihr Konto gehen auch ein Toter und zahlreiche Verletzte – Polizeibeamte und Demonstranten.«

Doch der tödliche Ausgang der Eskalation gab dem sozialdemokratischen Pastor nachträglich schwer zu denken. Im Rückblick ging er mit seiner eigenen Rolle an diesem Tag selbstkritisch ins Gericht: »Ich werde die Schuld für dieses persönliche Versagen tragen müssen, bis ich vor meinem ewigen Richter stehe.« Drei Monate später trat er von seinem Amt zurück, mit ihm Innensenator Wolfgang Büsch.

Aber nicht nur für die betroffenen Politiker bedeutete der 2. Juni 1967 einen markanten Einschnitt. Horst Mahler führte der Weg vom renommierten Industrieanwalt zum Verteidiger der linken Studentenszene schließlich in den engeren Kreis der »Rote-Armee-Fraktion«. Der Tod Benno Ohnesorgs war auch die Initialzündung für die Radikalisierung einer Minderheit, die in terroristische Gewalt mündete. Eine Gruppe, die mit Bombenanschlägen in Erscheinung trat, nannte sich nach seinem Todesdatum »Bewegung 2. Juni«. Während seiner Haftzeit distanzierte sich Horst Mahler später entschieden vom Terrorismus. 1988 konnte er nach der mühsam erkämpften Wiederzulassung als Anwalt seine Kanzlei neu eröffnen.

Der Todesschütze Karl-Heinz Kurras, dem das Berliner Landgericht am 22. November 1967 einen »psychogenen Ausnahmezustand« bescheinigte und ihn daher vom Vorwurf der »fahrlässigen Tötung« freisprach, wurde zum Erkennungsdienst versetzt und später zum Kriminaloberkommissar befördert. Seit 1987 lebt er im Ruhestand. Über den Vorfall will er nicht mehr sprechen.

Auch im Leben der Frau, die sich auf dem Foto über den sterbenden Bruno Ohnesorg beugt, hatte sich nach diesem Ereignis einiges verändert. »Der Schock saß tief«, erinnert sich Friederike Dollinger, heute Friederike Hausmann, die als Publizistin und Übersetzerin in München lebt. »Wir sind ja als Nachkriegsgeneration relativ behütet aufgewachsen, da hatten wir so etwas noch nicht erlebt. Damals habe ich wirklich geglaubt, dem faschistischen Staat ins Gesicht zu sehen. Ich bin dadurch politisiert worden. Die gemeinsame Empörung hat uns gestärkt. Da war eine völlig neue politische Kultur entstanden, die inzwischen längst selbstverständlich geworden ist.«

Wie viele ihrer Mitstudenten trat sie nach dem 2. Juni dem Sozialistischen Deutschen Studentenbund (SDS) bei, später engagierte sie sich in der Liga gegen den Imperialismus, was ihr schließlich ein Berufsverbot als Lehrerin einbrachte. Im Rückblick betrachtet sie den radikalen Aufbruch der Studentenbewegung mit einigem Abstand. »Aus heutiger Sicht ist mir klar, daß die ständige Gleichsetzung mit dem Faschismus eine Überreaktion war. Sie hat uns den Blick darauf verstellt, was tatsächlich faul war in der Bundesrepublik. Wir haben in gewisser Weise gegen Windmühlen gekämpft.«

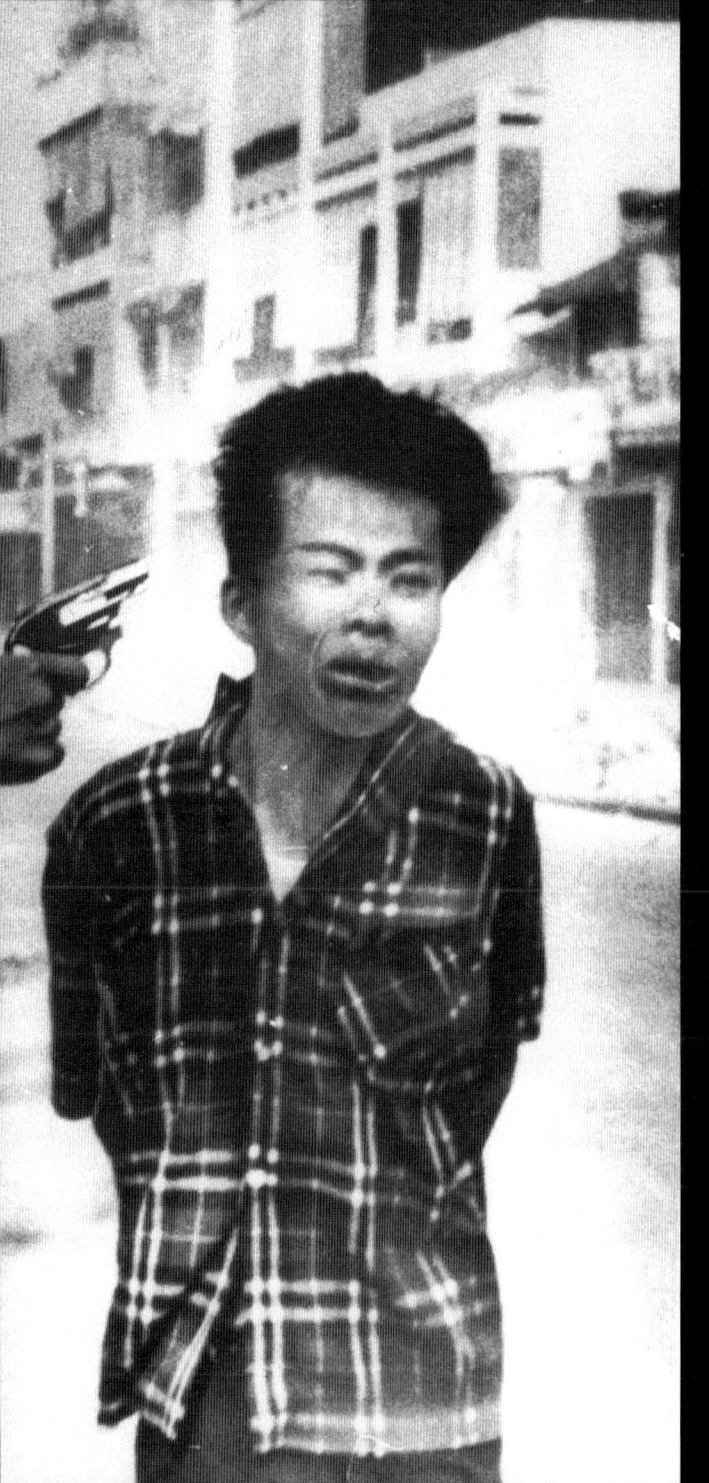

Die
Hinrichtung

Die Hinrichtung

Wir sind dem Täter auf der Spur. Er versteckt sich. Lange haben wir gebraucht, um ihn zu identifizieren. Jetzt haben wir ihn gefunden. Wir wissen, wo er lebt. Wir wissen, wo er einkauft. Wir sind ihm nachgefahren, um ihn aus dem Lieferwagen mit versteckter Kamera zu filmen. Natürlich will er uns nichts sagen.

Da haben wir ihn: schütteres Haar, fliehendes Kinn, Mitte Sechzig, Rentner. Völlig unauffällig sieht er aus. Er wartet vor dem Einkaufszentrum »Peter's Mall« in Fairfax County, südlich von Washington, auf seine Frau.

Hier in der Nähe lebt er im Exil: abgeschirmt, fast anonym. Nur der US-Geheimdienst CIA weiß über ihn Bescheid. Nur wenn er sich bedeckt hält, darf er bleiben. Über die Vergangenheit soll Gras wachsen.

Warum?

Saigon, Februar 1968: Der Krieg um das geteilte Land Vietnam stand auf des Messers Schneide. Saigon, die Hauptstadt Südvietnams, war Ziel der Tet-Offensive. Tet, das buddhistische Neujahrsfest am 30. Januar, war das Symbol für den Versuch der Vietcong, den Krieg aus den Dschungeln in die Städte zu tragen und die Schutzmacht USA zum Rückzug zu bewegen. Und sie drangen aus den Reisfeldern des Mekongdeltas erstmals in die Hauptstadt ein.

Saigon im Krieg: Schwerbewaffnete Soldaten der Regierung führen einen gefesselten Gefangenen ab. Er sei ein Vietcong, sagen sie, ein Saboteur. Mit seinen kurzen Hosen und dem offenen karierten Hemd nimmt er sich wie ein Junge aus, zumindest gegenüber den in schweren Kampfanzügen steckenden Bewachern. Da wird der Trupp gestoppt, ein Offizier winkt die Soldaten zur Seite, tritt neben den Gefangenen, zieht die Pistole und schießt ihm in den Kopf. Prozeß, Urteil, Hinrichtung in einem Atemzug: eine brutale Szene in einem häßlichen Krieg.

Kriegsverbrechen haben damals viele begangen, auch Amerikaner. In diesem schmutzigen Krieg verstrickten sich selbst die, die das nicht wollten, in ein Netz aus Haß und Gewalt. Gefangene waren auf beiden Seiten allzuoft Freiwild. Am Ende waren die Reiche des vermeintlich Bösen und des Guten überhaupt nicht mehr zu unterscheiden.

Wer ist das Opfer, wer ist der Täter? In diesem Fall ist die Lage klar:

Rechts: Das schmutzige Gesicht des Krieges: US-Soldaten haben einen verwundeten Vietcong gefangengenommen.

Der Täter war der Polizeichef Südvietnams, General Nguyen Loan, das Opfer der Vietcong Bay Lop. Es war Loans Schicksal, daß bei seiner Untat ausgerechnet ein paar Journalisten Augenzeugen waren. Ein Fernsehteam hatte das Ereignis dokumentiert.

Doch so schrecklich die bewegten Bilder sind – sie gehen nicht in die Tiefe, krallen sich nicht ein. Sie sind zu flüchtig. Das Foto bleibt in unseren Köpfen haften. Dieses eine Foto: Loan und Lop im Augenblick des Schusses, jenem mörderischen Augenblick, der Täter und Opfer vereint.

Das Bild – in der Illustrierten *Life* zum erstenmal veröffentlicht, in Tausenden von Blättern weltweit nachgedruckt – wurde zum schockierenden Symbol der Grausamkeit des Krieges und trug zum Ende des Vietnamkriegs mehr bei als ein Dutzend Divisionen. Seit diesem Foto fragten sich die Menschen in Amerika, ob es denn sinnvoll sei, in einem solchen Krieg das Leben »für die Freiheit« zu riskieren. Etwa gar für die des Täters?

Den Fotografen Eddie Adams besuchen wir in New York. »Sie hatten«, erinnert er sich, »einen Gefangenen gepackt und schleppten ihn in dieselbe Richtung, in die wir gingen. Jeder Reporter würde in einem solchen Fall, sagen wir, bei einem Verbrecher, beobachten, was passiert. Das ist reine Instinktsache. Man wartet, bis der Gefangene weggebracht wird. An einer Ecke blieben sie stehen. Plötzlich tauchte dieser Bursche auf. Mit einem Jeep vielleicht – wie aus dem Nichts. Wir hatten keine Ahnung. Ich stand nur eineinhalb Meter von dem Gefangenen entfernt, als der Mann zu seinem Revolver griff. Ich dachte zuerst, daß er nur drohen wollte, wie das ja manchmal passierte. Er hatte also seinen Revolver gezogen, und im selben Augenblick, als sein Arm hochging, riß auch ich die Kamera hoch und drückte ab. Es war, wie sich später zeigte, genau in dem Moment, in dem der Schuß losging. Mir war das gar nicht bewußt. Er hatte ihm also tatsächlich in den Kopf geschossen. Als der Vietcong zu Boden fiel – so etwas hatte ich noch nie gesehen –, spritzte das Blut über einen Meter hoch. Ich drehte mich weg, ich konnte nicht hinsehen, ich konnte nicht fotografieren. Erst später habe ich ein Foto von der Leiche gemacht.«

Und der Täter? »Als er uns gesehen hat«, sagt Eddie Adams, »nach dem Schuß, da hatte er wohl das Gefühl, er müsse sich rechtfertigen: ›Er hat viele von meinen Männern getötet und viele von euren Landsleuten.‹ Dann drehte er sich um und ging weg.«

Was geht in einem Menschen vor, der auf offener Straße Mord begeht? Was ist das für ein Mann?

Nguyen Ngoc Loan war damals siebenunddreißig Jahre alt, das älteste von elf Kindern einer reichen, sehr reichen südvietnamesischen Familie. »Das Dümmste von allen«, ist sein Lieblingsspruch gewesen. Denn war es nicht dumm, daß er, der drei Diplome französischer Universitäten hat,

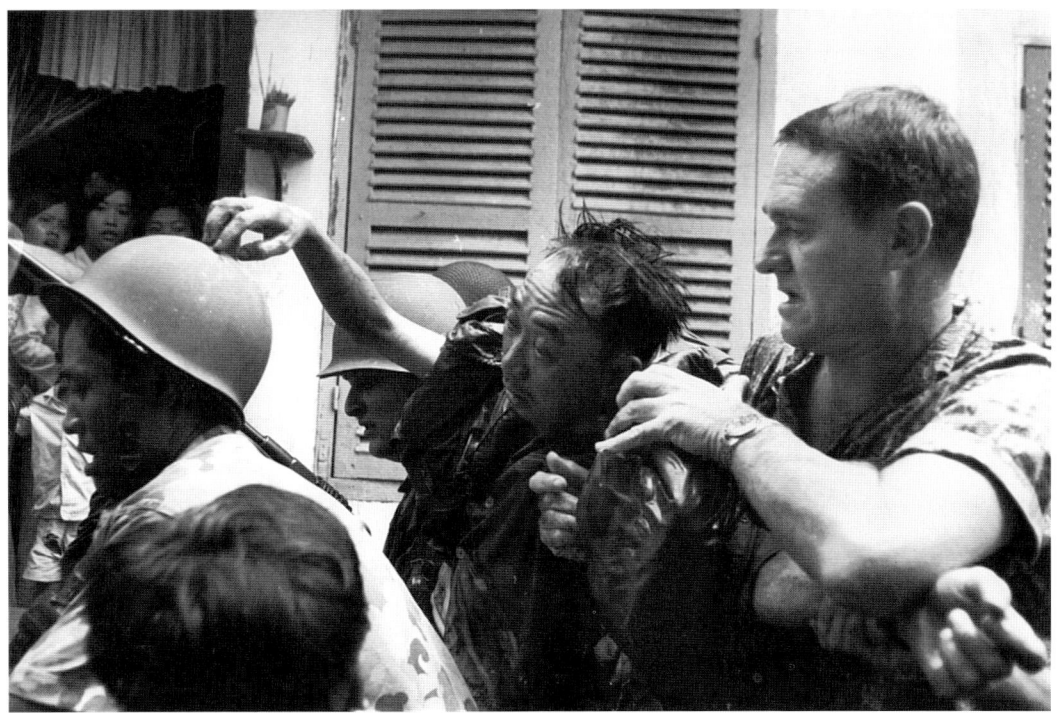

eins in Pharmazie, eins in Naturwissenschaften, eins als Ingenieur, daß ausgerechnet er sich breitschlagen ließ, zur Polizei zu gehen? Er, der Französisch ebenso gut wie Vietnamesisch spricht? Der die USA bereist hat, Frankreich und Italien kennt, der vier Kinder hat: damals acht, sechs, vier und zwei Jahre alt?

Doch was bewegte ihn dann?

»Die Pflicht«, erklärte der General, »die Pflicht!«

Man habe ihn zum Sicherheitskommando beordert. Dort habe ihn sein Freund und Mentor, General Ky, gleich mit dem Satz empfangen: »Sie müssen die Polizeikräfte übernehmen. Sie müssen einfach.«

Da habe er sich doch nicht weigern können. Disziplin sei schließlich Disziplin.

Doch was habe er sich damit eingefangen? Ärger, nichts als Ärger, vor allem mit den Amerikanern, die ihm nichts als Schwierigkeiten machten, das sei eben eine andere Zivilisation, mon dieu!

Als er so sprach, wurde er schon »Henker von Saigon« genannt. Es gab in Vietnam damals niemanden, der so gehaßt, so gefürchtet, so verflucht wurde wie General Loan.

Er hatte ganze Straßenviertel von Saigon einäschern lassen, weil er dort Verstecke der Vietcong vermutete. Er hatte die hochgeachteten buddhistischen Vereinigungen aufgelöst, weil sie »nicht zuverlässig« seien. Und als Mönche sich in ihrer Verzweiflung öffentlich verbrannten, hatte er

Der »Henker von Saigon« wird später selbst schwer verwundet. Hier wird er gerade abtransportiert.

Es gibt kein Ver-
gessen: die
Witwe Nguyen
Thi Lop mit dem
»offiziellen« Foto
ihres Mannes.

ihnen höhnisch den Gebrauch von Feuerlöschern angeraten. Er hatte Kuriere der Vietcong, die als Parlamentarier mit den Amerikanern verhandeln wollten, noch vor den Toren der US-Botschaft verhaften lassen. Er ließ Kriegsgefangene der Vietcong erschießen, obwohl er wußte, daß für jedes Opfer zur Vergeltung ein gefangener GI erschossen wurde!

Warum wunderte sich der General, daß ihn die Amerikaner haßten? »Diese Amerikaner«, seufzte er, »haben Mitleid mit den Vietcong. Dabei sind das nur Terroristen, Wölfe, Mörder. Es gibt keinen schlimmeren Feind als einen feindlichen Bruder.«

Warum er so grausam sei, wurde er einst gefragt: »Grausam? Ich und grausam? Wie kann ein Mann, der Rosen liebt, grausam sein?«

Rosen mußten damals immer auf Loans Schreibtisch stehen, frisch und taubenetzt.

Ein grausamer Ästhet? Seine Mitarbeiter, sagte er, seien ganz im Gegenteil der Meinung, daß er viel zu milde sei. Doch er erkläre ihnen immer wieder: Grausamkeit führe zu nichts. Nur gutes Benehmen sei nützlich.

Ob auch Folterung dazugehöre?

Manchmal müsse man eben streng sein, meinte er. Und von Folterungen dürfe man doch wohl erst reden, wenn Gefangene verstümmelt würden. »Seine« Vietcong hingegen würden nie verstümmelt. Manche würden schon mal geohrfeigt, andere wohl auch ein bißchen verprügelt, aber nie verstümmelt. Und Elektroschocks auf Genitalien? Das sei nur für ganz besonders schlimme Fälle, erklärte der General. Denn schließlich herrsche das Gesetz des Krieges.

Journalisten mied Loan. »Schweigen ist Gold« hieß seine abweisende Standardformel. Nur der italienischen Reporterin Oriana Fallaci war es gelungen, ihn zu interviewen.

Ob er keine Angst habe, selbst umgebracht zu werden, fragte sie ihn.

»Ach, wer hat in Saigon nicht Angst, umgebracht zu werden?« meinte der General. Jeden Tag wandle er am Rand des Abgrunds. Jeden Tag spiele er mit seinem Leben. »Natürlich wollen sie mich umbringen. Vielleicht gelingt es ihnen auch. Die Vietcong sind Bestien.«

Tatsächlich wurde Loan bei Straßenkämpfen später schwer verletzt, eine Kugel traf sein Knie und die darunterliegende Arterie. Für den Rest seines Lebens wird er hinken.

Die Italienerin besuchte ihn im Krankenhaus. Da war nichts mehr vom zynischen und selbstzufriedenen General zu erkennen. Sie traf jetzt auf ein weinerliches Etwas, das vor Selbstmitleid zerfloß. Trotzdem und gerade deshalb attackierte sie ihn:

»Ich war empört über Sie, General.«

»Ja, ja . . . Alle waren empört.«

»Sie wissen, wovon ich spreche, General?«

»Ich weiß, ich weiß.«

»Jetzt hat das keine so große Bedeutung mehr. Aber warum taten Sie es, General? Warum?«

»Er war ein Saboteur . . . Er hat so viele Menschen umgebracht . . .«

»Er war ein Gefangener, General Loan. Mit gefesselten Händen.«

»Nein, nicht mit gefesselten Händen . . .«

»Doch, sie waren gefesselt, General.«

Er drehte das Gesicht zur Wand und begann zu schluchzen.

Die Reporterin war peinlich berührt.

»Weinen Sie nicht, General.«

»Es erleichtert mich, es hilft mir . . .«

»Weinen Sie trotzdem nicht.«

»Lassen Sie mich um Gottes willen weinen. Verstehen Sie mich, ich verstehe Sie doch auch. Ich verstehe Ihren Standpunkt. An Ihrer Stelle würde ich vielleicht dasselbe tun. Ich würde zu Loan gehen und ihn fragen: ›Loan, warum hast du das getan, warum? Loan, du behauptest, daß du das Zarte liebst, daß du die Rosen liebst, und dann tötest du einen Menschen auf solche Weise. Du bist ein Mörder, Loan, weine nicht!‹ Ich bin aber nicht an Ihrer Stelle, ich bin an meiner Stelle. Ob es mir gefällt oder nicht, ich bin Soldat, und in diesem Krieg bin ich nun mal auf dieser Seite engagiert . . .«

»General, der Vietcong war ebenfalls Soldat. Ein Soldat mit kariertem Hemd, aber ein Soldat.«

»Nein, er trug keine Uniform. Einen Menschen, der schießt, ohne eine Uniform zu tragen, kann ich nicht respektieren. Das ist zu bequem: umbringen, ohne erkannt zu werden. Einen Nordvietnamesen respektiere ich, weil er ebenso wie ich als Soldat angezogen ist und darum auch ebensoviel riskiert wie ich. Aber einen Vietcong in Zivil ... Da hat mich die Wut gepackt. Und der Zorn hat mich geblendet. Ich sagte mir: ›Du Vietcong zahlst nicht den gleichen Preis wie ich für diese verhaßte Uniform, du kannst dich verstecken!‹ Und so habe ich auf ihn geschossen.«

Reicht das als Erklärung? Weltweit ist der General seitdem das Monster des Vietnamkriegs, das wohlfeile Symbol der Unbarmherzigkeit schlechthin – ein Makel, den er nie mehr los wird.

Auf Druck der Schutzmacht USA enthob ihn die Regierung seines Amtes. Als der Rekonvaleszent im Walter-Reed-Militärhospital in Washington behandelt wurde, protestierten lauthals amerikanische Senatoren: »Dieser Mörder erhält die beste medizinische Pflege – und das auch noch auf Kosten der amerikanischen Steuerzahler!« Doch Amerika verzieh. Amerika hat letzten Endes doch ein großes Herz, auch für ungeliebte Freunde.

Der Krieg um das geteilte Land Vietnam eskalierte; immer neue, immer schrecklichere Bilder schoben sich ins Blickfeld. Bombenterror, Massaker wie in My Lai machten einen schmutzigen, verdorbenen Krieg zum Alptraum.

Am Ende war Amerika es müde, sich noch länger zu verstricken. Der heimtückische Kampf zerstörte nicht nur Land und Menschen, sondern auch die Kraft und die Moral der Kämpfenden. Der Krieg im Reisfeld war mit Megatonnen von Material nicht zu gewinnen, auch mit Napalm nicht. So zog man sich zurück.

Im April 1975 war der Krieg zu Ende – Nordvietnamesen und Vietcong zogen als Sieger in Saigon ein. Die Supermacht Amerika hatte ihnen weichen müssen. Mit den letzten Amerikanern, die das Land verließen, flohen – per Flugzeug oder Schiff – die treuesten vietnamesischen Gefolgsleute, unter ihnen auch der frühere Polizeichef mit Familie.

Er wollte nur eines: untertauchen in die absolute Anonymität. Doch in die Öffentlichkeit ging damals eine Landsmännin, deren Leben mit dem seinen auf leidvolle Weise verbunden ist: die Frau des Opfers, Nguyen Thi Lop, die Witwe des erschossenen Vietcong.

Nach dem Mord an ihrem Mann hatte sie sich wochenlang versteckt gehalten. Denn der General, so hieß es, suche nach der Frau und nach den Kindern seines Opfers, um sie gleichfalls umzubringen. Zu jener Zeit war sie im vierten Monat schwanger. Damals, sagt sie heute, wußte sie von nichts. Ihr Mann ein Vietcong? Unmöglich! Sie wollte es erst gar nicht

Oben:
Der erste
Arbeitsplatz des
Flüchtlings Loan
in den USA: eine
Pizza-Bäckerei
in Burke (Vir-
ginia). Das Bild
zeigt ihn mit
seiner Frau.

Links:
Loan will heute
nicht mehr vor
die Kamera. Wir
haben ihn
trotzdem foto-
grafiert.

glauben, als ihr Nachbarn aufgeregt die Zeitung aus Saigon vorhielten – mit dem Foto. War das ihr stolzer Mann? So angstverzerrt?

Er war es, und sie brach in Tränen aus. Bay Lop hatte seine Frau nicht eingeweiht, um sie nicht zu belasten. Offenkundig war es möglich, eine Art von Teilzeitvietcong zu sein, auch wenn man offiziell zu Hause wohnte, zehn Kilometer von Saigon entfernt. Bay Lop erzählte seiner Frau, er sei als Handwerker auf Wanderschaft und mache eine Lehre als Elektriker.

Jahre ging das so, das Kämpfen und das Lügen, bis das Foto in ihr Leben trat – und die Angst vor Loan.

Erst lange nach der »Befreiung« fühlte sie sich sicher, wenn auch ihr äußeres Leben sich durch die Geschehnisse nicht veränderte. Sie arbeitete als Magd und zog drei Kinder groß – zwei Mädchen und den Jungen, mit dem sie damals schwanger war. Sie lebte in der gleichen alten Bambushütte wie zuvor.

Erst 1988 kamen Männer von der Kommunistischen Partei und bauten ihr ein neues festes Steinhaus. Die Regierung in Hanoi hatte beschlossen, daß ihr Mann ein Nationalheld werden müsse, ein Symbol des Freiheitskampfes, also brauche seine Witwe auch ein standesgemäßes Domizil.

Nguyen Thi Lop nahm ein schon vergilbtes Porträtfoto ihres Mannes, rahmte es mit Urkunden und Ordensbändern ein und installierte über diesem Hausaltar ein Lämpchen: Das strahlt nun jenen Mann an, der in seiner Uniform ganz anders aussieht als der angstverzerrte Vietcong.

Dieses Foto hatte die Witwe nie mehr sehen wollen. Sie hat es aus ihrem Gedächtnis verbannt.

Den Amerikanern zürnt sie nicht, im Gegenteil. Sie wünscht sich wie die Mehrheit ihrer Landsleute die ehemaligen Besatzer sehnsüchtig zurück. Sie sollen Fortschritt und vor allem Wohlstand bringen. Nur Loan, dem Mörder ihres Mannes, will sie nicht verzeihen. Er bleibt ihr verhaßter Feind.

Loan war inzwischen nach Amerika emigriert und in den multikulturellen Völkerbottich eingetaucht. Anfangs lebte er als Pizzabäcker in Virginia, in einem Einkaufszentrum namens Rolling Valley nahe Washington. Dort stöberte ihn im Frühjahr 1976, zum ersten und einzigen Mal, ein britischer Reporter auf, der sich als Gast ausgab.

Ihm sagte Loan, es gehe ihm sehr schlecht. Von morgens neun bis abends zehn stünden er und seine Frau im Restaurant, sechs Tage in der Woche. Die Kinder wären das einzige, was ihm und seiner Frau geblieben sei. Ihnen solle es einmal bessergehen als ihm. Von Vietnam erzählte er nichts. Nur, daß Krieg Krieg sei, daß es dabei keine Kompromisse gebe.

Im übrigen, erklärte er, wolle er ganz anonym bleiben. Die Kinder sollten seinetwegen keine Nachteile erleiden. Deshalb wünsche er sich lebenslange Anonymität.

Die Anonymität aber war nach diesem »Interview« gefährdet. Wenig später teilte die US-Einwanderungsbehörde mit, daß sie beabsichtige, Loan die Aufenthaltserlaubnis in den Vereinigten Staaten zu entziehen. Seine »moralische Schlechtigkeit«, durch das Foto augenfällig dokumentiert, habe auch gegen damals geltendes südvietnamesisches Recht verstoßen. Loan sei ein Kriegsverbrecher, der bei seiner Einwanderung durch das Netz der Bürokratie geschlüpft sei.

Doch als früherer General hatte er insgeheim noch immer einflußreiche Freunde: alte Kameraden von der CIA. Sie setzten durch, daß Loan in »Gottes eigenem Land« geduldet wurde – unter einer Bedingung: bedeckt zu bleiben und den Mund zu halten.

Daran hielt er sich. Die Pizzabäckerei gab Loan bald auf. Er zog um, verkaufte dann Spaghetti, machte pleite, zog noch einmal um und eröffnete ein Feinschmeckerlokal, das jedoch nicht lief. Er verkaufte es, zog noch einmal um und noch einmal.

Es war nicht leicht für uns, den früheren Sicherheitsexperten Loan zu finden, denn er steht in keinem Telefonbuch. Kein Adressenverzeichnis weist ihn aus. Eine Meldepflicht existiert in den USA ohnehin nicht. Doch wir haben ihn gefunden und gefilmt. Wird er mit uns reden?

Wir fahren zu seinem Haus in Burke: sauber gepflegte Vorgärten, Kleinstadtidylle. Die Nachbarn wissen nicht, wer mitten unter ihnen lebt.

»Nein, er will nicht reden, nie mehr«, sagt die Tochter. Auch nicht für nur fünf Minuten. Er will keine Publicity.

»Warum nicht?«

»Weil wir sonst Amerika verlassen müssen«, sagt die Tochter.

Dann rufen wir ihn an. Er ist am Telefon. Doch will er sich zu seinem Bild nicht mehr, nie mehr befragen lassen.

»Lassen Sie die Dinge einfach ruhen«, sagt er – »Let the old things sleep.«

So einfach ist das nicht. Natürlich haben wir Verständnis. Doch das Bild, sein Bild, wird ihn verfolgen bis zum Tod.

Der Protest

Im Schrittempo fahren wir die Dostojewskistraße entlang, halten Ausschau nach dem Gebäude, das auf dem Foto im Hintergrund zu sehen ist: die Philosophische Fakultät der Universität Bratislava. Sie bot in den Tagen der Niederschlagung des »Prager Frühlings« die Kulisse für ein Bild, das um die Welt ging: Mit einer Geste ohnmächtiger Verzweiflung tritt ein junger Mann einem sowjetischen Panzer entgegen, die Kanone ist auf ihn gerichtet. Der Mann reißt sein Hemd auf, entblößt den Oberkörper. Verbitterung und Wut spiegeln sich in seinem Gesicht – es scheint, als wolle er seine Empfindungen in diesem Moment aus sich herausschreien. Viele Motive erinnern an das gewaltsame Ende des »Prager Frühlings«. Doch keine Aufnahme aus diesen Tagen ist so bewegend wie dieses Foto.

Über eine Brücke, die bezeichnenderweise den Namen Brücke der Roten Armee trug, rollten am Morgen des 21. August 1968 ununterbrochen Panzer der Sowjetarmee in Richtung Innenstadt. Binnen einer Nacht hatten Truppen des Warschauer Pakts die Tschechoslowakei handstreichartig besetzt. Die Hoffnungen von Millionen auf Freiheit und Reformen wurden in wenigen Stunden blutig erstickt. Die sogenannten »Bruderstaaten« der Tschechoslowakei hatten den Einmarsch präzise vorbereitet. Auf denselben Wegen wie dreißig Jahre vorher Hitlers Truppen drangen DDR-Verbände nach Böhmen ein. Weiter östlich waren es Polen, und von Süden rückten Ungarn und Bulgaren vor. Doch der weitaus größte Teil der Invasoren kam aus der Sowjetunion. Moskau wollte vor allem die Großstädte so rasch wie möglich unter seine Kontrolle bringen – auch die Metropole der Slowakei.

Wir mußten feststellen, daß die westlichen Medien über zwei Jahrzehnte einem Irrtum unterlagen. Der Held auf dem Foto sei Tscheche, hieß es in der Regel, und der Schauplatz sei Prag. Beides ist falsch. Der bekannte Unbekannte war Slowake, und die Aufnahme entstand in Bratislava, dem alten Preßburg.

Heute sind solche Unterscheidungen von Bedeutung – mehr denn je. Damals war Bratislava nur die zweitgrößte Stadt der ČSSR. Heute ist sie Hauptstadt der unabhängigen Slowakei. Für viele Tschechen ist das ein Zeichen, daß auch der zweite »Prager Frühling« gescheitert ist. Doch scheiterte dieser »Frühling« nicht am Veto fremder Mächte, sondern an

den Menschen selbst, die jetzt erreichten, wofür damals Hunderttausende in Bratislava, Prag und in vielen anderen Städten auf die Barrikaden gingen: das Recht auf freie Selbstbestimmung.

Wofür aber kämpfte damals Emil Gallo, der Mann auf unserem Foto? Ihn können wir nicht mehr fragen, er starb 1972. Auch Ladislav »Laco« Bielik, der Fotograf, ist tot.

Wir bitten die Tageszeitung *Smena*, bei der Bielik damals als Bildreporter arbeitete, das berühmte Bild noch einmal abzudrucken, und zwar zusammen mit einem Aufruf an Augenzeugen, sich bei uns zu melden. Wir haben Glück. Ein Journalist, der mit dabei war, nimmt mit uns Kontakt auf: Stanislav Vanco. Er selbst stand in der Menschenmenge, die auf der rechten Seite des Fotos zu erkennen ist.

Vanco erwartet uns am Portal der Philosophischen Fakultät. Gemeinsam gehen wir über den Safárikplatz; hier entstand das Foto.

»Wir waren wie geschockt, ich erinnere mich daran, als wäre es heute: Überall standen Panzer der Sowjetarmee, und überall protestierten Menschen auf den Straßen.« Vanco verhehlt nicht, daß ihn das Foto immer noch betroffen macht. »Hier auf diesem Platz empfand ich die Lage ganz besonders schmerzlich. In der Philosophischen Fakultät hatte ich jahrelang studiert, ich fühlte mich dort wie zu Hause.«

Was geschah an jenem Morgen auf dem Platz – und was weiß Vanco von Emil Gallo?

»Dieser Mann war offenbar ein einfacher Arbeiter. Solche gestreiften Kittel trugen damals die Handwerker der städtischen Betriebe.«

Emil Gallo war Installateur bei den Stadtwerken von Bratislava. Wir fragen, wie es zu dem Zwischenfall kam. »Es war zwischen acht und neun Uhr morgens. Die sowjetischen Panzer rückten ein. Gallo lief mitten auf der Straße. Plötzlich blieb er vor dem ersten Panzer stehen, hinderte ihn am Weiterfahren. Ganz allein stand er da. Niemand hielt ihn zurück.«

Ursprünglich dachten wir, Gallo sei so etwas wie ein Rädelsführer gewesen – aus einer der Gruppen, die vor der Universität gegen den Einmarsch protestierten.

»Sicher nicht«, meint Vanco, »ich hatte den Eindruck, daß er eher Einzelgänger war. Auf einmal stand er im Mittelpunkt. Alle starrten gebannt auf ihn und fragten sich, was nun geschehen werde; dieser Ausdruck der Verzweiflung dieses Mannes hat sich uns fest eingeprägt.«

Daß die sowjetischen Panzerführer Order hatten, nur in Notwehr zu schießen, konnte Gallo nicht wissen, er riskierte sein Leben. Wir fragen Vanco, ob er gehört habe, was Emil Gallo damals vor dem Panzer schrie.

»Ich konnte ihn im Dröhnen der Motoren nicht verstehen, sicher brüllte er heraus, was wir alle in diesem Moment empfanden: daß man Freiheit nicht einfach platt walzen kann.« Es scheint, als habe der Arbeiter Gallo einen Moment lang einem ganzen Volk aus der Seele gesprochen. Doch was richten Worte gegen Panzer aus? Nur für ein paar Sekunden wurde der Vormarsch gestoppt, dann wich der T-55 aus.

»Natürlich konnte dieser Mann allein die russischen Besatzer nicht aufhalten«, meint Vanco, »doch für einen Augenblick hat er uns Mut gemacht.«

Sind seine Landsleute danach auf Gallo zugegangen? Vanco erinnert sich nicht mehr genau: »Es war merkwürdig. Ich glaube, er sprach mit niemandem und verschwand so sang- und klanglos, wie er gekommen war.«

War Emil Gallo ein einsamer Held? Was hat er wirklich gewollt, was gefühlt und gedacht? Wir wollen das Rätsel lüften.

Vier Kinder hatte er. Eine seiner Töchter treffen wir in der Sokolskà-straße, wo die Familie damals wohnte. Emilia Gogova wartet vor dem Hauseingang auf uns; von dort aus hatte sich ihr Vater an jenem 21. August auf den Weg gemacht. Auch sie begrüßt uns freundlich, wirkt aber eher schüchtern und am Anfang unseres Gesprächs fast verlegen. Wie damals ist sie auch heute noch als Hilfsarbeiterin in einer Fabrik beschäftigt. Vor drei Jahren gab sie sich zum erstenmal als Tochter unseres Helden zu erkennen, als eine Preßburger Zeitung das berühmte Foto veröffentlichte, um die Identität des Mannes zu klären.

Was geschah an jenem 21. August? Wir brennen darauf, *ihre* Geschichte zu hören.

»Für uns begann der Tag eigentlich ganz normal. Vater ist morgens

früh aufgestanden und zur Arbeit gegangen. Zuerst wußten wir gar nicht, was über Nacht geschehen war. Aus dem Radio erfuhren wir wenig später von dem Einmarsch. Als Vater dann nachmittags nach Hause kam, hat er mit keiner Silbe erwähnt, was auf dem Safárikplatz vorgefallen war.«

Das verblüfft uns. Wie kann man nach diesem Erlebnis schweigen – hat er sich dazu überhaupt je geäußert? »Vater hat darüber nie ein Wort verloren; ich glaube, er hat niemals jemandem davon erzählt.« Wir fragen, wann Emilia zum erstenmal von diesem Foto erfahren hat. »Erst nach Vaters Tod, als wir seinen Hausstand auflösten. Bei der Durchsicht persönlicher Dokumente stießen wir auf eine alte Zeitung aus den Tagen des Einmarsches, und plötzlich sahen wir sein Bild.« Nach ihren damaligen Empfindungen gefragt, antwortet sie: »Wir waren erschrocken, geradezu erschüttert, weil wir von nichts wußten – vor allem aber, weil Vater damals in Todesgefahr schwebte und wir nichts davon ahnten.«

Ein einsamer, schweigsamer Held – aber warum?

»Vater hatte damals viele seelische Probleme. Meine Mutter war seit einigen Jahren tot. Er mußte sich ganz allein um uns vier Kinder kümmern. Seine Arbeit war hart, und er verdiente wenig Geld. Das Einkommen reichte gerade fürs Essen. Deshalb hatte er ständig Sorgen, war oft sehr angespannt und gereizt. Am Tag des Einmarsches, als die

Panzer ihm den Weg versperrten, platzte wahrscheinlich alles aus ihm heraus, vielleicht war ihm plötzlich alles egal.«

Steckte hinter seiner Geste also mehr als nur Protest gegen den Einmarsch? Als wir mehr darüber wissen wollen, merken wir, daß es der Tochter schwerfällt, alles zu erzählen. Dann erklärt sie uns, warum: Emil Gallo hat sich umgebracht, vier Jahre nach dem Einmarsch. Eine traurige Geschichte hinter der Geschichte.

Dennoch ist die Tochter heute stolz auf ihren Vater: »Das Bild ist ja nun weltbekannt; als der Aufruf kam, habe ich mich sofort gemeldet. Ich wollte, daß man meinen Vater nicht vergißt.«

Wir versprechen, dazu beizutragen.

Emil Gallo wollte überhaupt kein Held sein und hat geschwiegen. Daß er in den Augen seiner Landsleute gleichwohl ein Held ist, erstaunt nicht; das Bild zeigt nur den Ausschnitt seines Lebens, in dem er einmal über sich selbst hinauswuchs.

»Dieser Mann«, so Vanco, »verteidigte in diesem Moment nicht nur unsere Stadt. Dieser Mann hat an diesem Tag der ganzen Republik Ehre gemacht.«

Der Fotograf, der den historischen Moment mit seiner Kamera einfing, starb 1984 bei einem Unfall. Das Redaktionsgebäude der *Smena*, für die er viele Jahre gearbeitet hat, steht in unmittelbarer Nähe des Schauplatzes. In den Räumen der Redaktion treffen wir die Frau des Reporters, Alica Bielikova; auch sie war damals Journalistin.

»Laco und ich waren erst seit drei Tagen verheiratet. Laco verlor selbst an dem Tag, als die Sowjets kamen, seinen Humor nicht. ›Schau mal, wie berühmt wir sind‹, sagte er, ›der ganze Warschauer Pakt rückt ein, um uns zur Hochzeit zu gratulieren‹ – das war typisch Laco.«

Ständig auf Achse sei er gewesen, ganz heiß darauf, Bilder zu machen, erzählt Alica. Als wir ihr das Foto zeigen, erinnert sie sich: »Der 21. August war ein Mittwoch. Es war am späten Vormittag, ungefähr elf Uhr, als ich mit anderen Mitarbeitern unserer Zeitung hier in der Redaktion eintraf. Mein Mann war schon einige Stunden unterwegs und fotografierte. Draußen war eine große Menschenmenge versammelt. Einige Studentengruppen schwenkten Nationalfahnen und lieferten sich mit den Panzerfahrern hitzige Wortgefechte. Dann kam Laco in die Redaktion – mit Dutzenden von Fotos.«

Weiß sie, wie dieses Bild entstand?

»Nur bruchstückhaft; es herrschte großes Chaos an diesem Tag, Tumult auf der Straße und natürlich auch bei uns in der Redaktion. Laco brachte die Filme zum Entwickeln. Das Foto mit dem Mann vor dem Panzer druckten wir am nächsten Tag in unserer Zeitung ab. Wir konnten natürlich nicht ahnen, daß es so berühmt werden würde.«

Wir fragen, ob es denn keine Zensur gegeben habe, ob die Medien nicht
sofort gleichgeschaltet wurden.

»Es gab den Versuch, wir haben ihn hautnah miterlebt. Ein sowjetischer Offizier sprang von seinem Panzer ab und kam wutentbrannt in unsere Redaktion, denn wir arbeiteten trotz Verbot. Er schrie, wenn wir nicht gleich das Gebäude verließen, dann gäbe er Befehl zum Feuern. Doch noch ehe er zu Ende geredet hatte, begann draußen schon die Schießerei. Die Maschinengewehre nahmen die Fassade der Universität unter Feuer. Wir warfen uns sofort auf den Boden. Mir wurde ganz übel, zum einen weil ich schwanger war, zum anderen weil ich das Gefühl hatte: Jetzt wird alles kaputtgemacht, was wir in den letzten Monaten aufgebaut haben.«

Alica Bielikova weiß nur wenige Einzelheiten über die Entstehung des Fotos zu berichten, dafür um so mehr über den »Prager Frühling«.

»Er kündigte sich schon 1967 an. Der Durchbruch kam, als das verkrustete Novotný-Regime endlich seinen Abschied nahm. Das Leben verlief auf einmal viel entspannter; man konnte plötzlich freier atmen. Vor allem die Jugend spürte den frischen Wind; wir waren voller Elan, veranstalteten regelrechte Happenings. Junge Autoren lasen einander ihre Werke vor. Als Dubček Führer der Kommunistischen Partei wurde, sind mein Mann und ich wie viele meiner Freunde in die KPČ eingetreten. Menschen, die der Partei vorher feinselig gegenüberstanden, fingen an, ihr zu vertrauen.«

Der neue Hoffnungsträger, Alexander Dubček, war mit sechsundvierzig Jahren jüngster KP-Chef im Ostblock. Alles andere als eine Führernatur, wollte er lieber überzeugen als befehlen. Weil Dubček Zögling der sowjetischen Parteihochschule war, bekundete auch der Kreml anfangs Wohlwollen.

Doch im April 1968 verabschiedete das Zentralkomitee der KPČ ein umfassendes Aktionsprogramm: mehr Bürgerrechte, mehr Meinungs- und Versammlungsfreiheit, Reformen im politischen System, in der Volkswirtschaft, bei Bildung, Wissenschaft sowie in der Außenpolitik. Für den neuen Weg standen Namen wir Zdeněk Mlynář, Sekretär des ZK, der Nationalökonom Ota Šik und Parlamentspräsident Josef Smrkovský. Die Reformbegeisterung erfaßte binnen weniger Wochen das ganze Volk. Neun von zehn Bürgern standen hinter der Reformpolitik Dubčeks.

Den Worten folgten bald Taten: Die Pressezensur wurde erheblich gelockert. Der Rundfunk informierte die Bevölkerung über Mißstände im Parteiapparat. Das Fernsehen appellierte an seine Zuschauer, sich an der Umgestaltung der Gesellschaft zu beteiligen. Die Bevölkerung machte von der neuen Freiheit reichlichen Gebrauch. Überall bildeten sich politische Klubs. Das Wort vom »Sozialismus mit menschlichem Antlitz« machte die Runde.

Bei allem Reformeifer ging es den neuen Männern gar nicht darum, den Sozialismus abzuschaffen. Alle waren überzeugte Kommunisten. Doch sie suchten einen Weg, die verkrusteten Machtstrukturen aufzubrechen und das Proletariat mit der Herrschaft des Proletariats zu versöhnen. Stolz verkündeten die Tageszeitungen, die Tschechoslowakei schlage jetzt »einen eigenen Weg zum Sozialismus ein«.

Kein Wunder, daß es die Machthaber in den sozialistischen »Bruderländern« mit der Angst zu tun bekamen. Auf einer Geheimkonferenz im Mai 1968 schlug SED-Chef Ulbricht eine sofortige Intervention in der ČSSR vor. Für den Altstalinisten aus Sachsen waren die Vorgänge im südlichen Nachbarland eine Bedrohung der gesamten kommunistischen Welt. Natürlich witterte er auch massive Einflußnahme aus der kapitalistischen Bundesrepublik. Sein Vorschlag: im Rahmen einer gemeinsamen Aktion auch Truppen der Nationalen Volksarmee in der Tschechoslowakei einmarschieren zu lassen. Zum zweitenmal nach dreißig Jahren deutsche Truppen in der Tschechoslowakei – das schien ihn nicht zu stören.

Der Kreml gebot zunächst Einhalt. Noch stand Moskaus Zögling Dubček in der Gunst von Leonid Breschnew. Doch in der Ostblockpresse war schon längst von »Untergrabung der Einheit der sozialistischen Länder« die Rede und von »Unterwanderung durch imperialistische Drahtzieher«.

Doch solche Anfeindungen beflügelten die Bürger der Tschechoslowakei nur. Im Juni 1968 erschien auf der Titelseite der renommierten

Literaturzeitschrift *Literární listy* das »Manifest der 2000 Worte«. Darin wurde in scharfer Form eine Bescheinigung der Reformen verlangt. Autor des Manifests war der bekannte Schriftsteller Ludvík Vaculík. Die »Bruderstaaten« reagierten mit militärischen Drohgebärden, um Dubček zur Rücknahme der Reformen zu drängen.

Anfang August schien ein Kompromiß noch möglich zu sein, nachdem auf einer Konferenz der sechs Warschauer-Pakt-Staaten in Bratislava offiziell von Einigung die Rede war. Heraus kam ein Kommuniqué verklausulierter Satzungetüme, das von Zweideutigkeiten nur so wimmelte. Im Klartext aber wurde die Vormachtstellung der Sowjetunion bekräftigt. Dubček klammerte sich an ein hart erkämpftes Zugeständnis: Die Souveränität der Tschechoslowakei sollte unangetastet bleiben.

Nicht nur die Reformer, alle Welt glaubte an einen gelungenen Kompromiß. Doch hinter den Mauern des Volkskommissariats für Verteidigung in Moskaus Frunsestraße begann schon wenig später der Countdown für eine ausgeklügelte Überraschungsaktion: die Niederschlagung des »Prager Frühlings«. Sie erfolgte generalstabsmäßig. Moskau behauptete, ein Hilferuf »aufrechter« Kommunisten aus dem Prager Politbüro habe den Ausschlag gegeben – doch das war eine reine Propagandafarce. Bis heute ist ungeklärt, wer die angeblichen Hilferufer waren.

Am 21. August um vier Uhr morgens wurde das Gebäude des Zentralkomitees der KPČ in Prag von sowjetischen Fallschirmjägern gestürmt und die Parteiführung der tschechoslowakischen KP festgesetzt. Staatspräsident Ludvík Svoboda appellierte an die Bevölkerung, keinen Widerstand zu leisten, um Blutvergießen zu vermeiden.

Zum Troß der Invasoren gehörte auch der Sowjetbürger Jewgenij Tschernow, damals wie heute im Zivilleben Journalist. Als Offizier der Reserve wurde er zu einer Propagandaabteilung in die ČSSR abkommandiert und – frisch zum Major ernannt – per Hubschrauber nach Bratislava verfrachtet: »Unsere Aufgabe bestand darin, der slowakischen Bevölkerung weiszumachen, das Ganze sei eine Hilfsaktion und deshalb gerecht. Wir hatten Unmengen von Literatur der unnützesten Sorte dabei, die selbst bei uns niemand mehr las, und damit sollten wir die Menschen dort beruhigen. Das war völlig absurd.«

Das Foto war ihm damals schon bekannt.

»Dieses Bild wurde in einer Zeitung abgedruckt, natürlich gegen unseren Willen; auch dadurch wurde mir klar, daß das Vorhaben, die Menschen von der angeblichen Notwendigkeit unserer Aktion zu überzeugen, keine Aussicht auf Erfolg hatte.«

Wir fragten ihn, wie die sowjetischen Soldaten auf den Einmarsch vorbereitet wurden. Hatten sie dem Protest der Bevölkerung etwas entgegenzusetzen?

»Unsere Soldaten waren in einer schrecklichen Zwickmühle:

Fanal der Ohnmacht: Steine gegen Panzer.

Einerseits handelten sie auf Befehl, andererseits mußten wir ihnen begreiflich machen, warum sie in ein sozialistisches Bruderland einmarschieren sollten. Das kam einer Quadratur des Kreises gleich; es war einfach nicht plausibel zu machen. Viele Soldaten waren deshalb verunsichert und ließen sich gar nicht erst auf Diskussionen mit der Bevölkerung ein. Die meisten Soldaten haben tagelang geschwiegen. Viele verloren die Nerven, es gab mehrere Selbstmorde. Mir persönlich wurden zwei Fälle bekannt.« Auch unser Augenzeuge Vanco gehörte zu denen, die keine Gelegenheit ausließen, den sowjetischen Invasoren den Spiegel vorzuhalten: »Wir haben Russisch mit ihnen gesprochen, wir haben sie angeschrien und unserer tiefen Enttäuschung Ausdruck verliehen, wie sie bloß gegen ihre slawischen Brüder kämpfen können. Wir sahen die Überraschung in den müden Gesichtern dieser Soldaten, und uns wurde klar, daß es eine Tragödie nicht nur unseres Volkes war, sondern auch der einfachen russischen Soldaten. Einige der Panzerfahrer haben mir sogar leid getan, ich habe ihnen Zigaretten angeboten und versucht, mit ihnen ins Gespräch zu kommen. Viele hatten ja überhaupt keine Ahnung, wo sie überhaupt waren.«

Kein Wunder, daß es um die Moral der sowjetischen Soldaten schlecht bestellt war. Ganze Armee-Einheiten mußten nach wenigen Tagen ausgetauscht werden. Auch Jewgenij Tschernow wurde schon nach einer Woche wieder abkommandiert. »Wir hatten überhaupt keine Chance, bei

den Menschen Gehör zu finden.« War das ein Wunder, wenn vor den Haustüren der Menschen Panzer rollten?

Die Bevölkerung wehrte sich trotzdem. »Passiver Widerstand« hieß das Schlagwort jener Tage. Binnen vierundzwanzig Stunden waren viele Straßenschilder übermalt oder umbenannt, zum Beispiel in »Dubček-straße«. Die Wegweiser an den Fernstraßen waren so verdreht, daß viele Militärkonvois ständig im Kreis fuhren. Über zweihundert Journalisten arbeiteten rund um die Uhr, um die Bevölkerung zu informieren. Von mobilen Rundfunksendern und von regionalen Fernsehstudios wurden die Menschen zu Besonnenheit aufgerufen. Schriftsteller wandten sich an die internationale Öffentlichkeit: »Erhebt eure Stimme zur Verteidigung der ČSSR! Boykottiert jede Aktion der Okkupanten überall in der Welt! Brecht alle Kulturbeziehungen mit dieser schmutzigen Allianz ab!«

Ihr Ruf verhallte nicht ungehört. Überall in der Welt gab es Protest-aktionen gegen die Angreifer und Sympathiekundgebungen für die Angegriffenen. Doch eingreifen wollte der Westen nicht, militärisch schon gar nicht, denn niemand konnte einen Krieg riskieren.

Auch nicht, als es in Prag und Bratislava zu Zwischenfällen mit Toten und Verletzten kam. Mehr als fünfzig Menschen starben im Kugelhagel sowjetischer Maschinengewehre, mehr als fünfhundert wurden verwundet.

Doch vielen Demonstranten war passiver Widerstand nicht wirkungs-

Symbol für unge-brochenen Stolz: Tschechische Arbeiter schwenken die Natio-nalfahne.

voll genug; sie bewarfen Soldaten der Sowjetarmee mit Steinen, bohrten die Reservetanks von Panzern an und steckten das auslaufende Benzin in Brand. Auch brennende Matratzen brachten manchen T-55 zur Strecke. Auf der Straße vor dem Rundfunkgebäude in Prag kam es zu einer tragischen Szene. Mehrere Panzer und Munitionswagen wurden zwischen den Barrikaden eingekeilt, sie konnten weder vor noch zurück rangieren. Schließlich eröffneten sie das Feuer – ein Jugendlicher brach tot zusammen. Entsetzt wichen die Demonstranten zurück, zogen den Toten in einen Hauseingang und bedeckten ihn mit einer Nationalfahne. Auch davon kündet ein bekanntes Foto.

Tote auch in Bratislava. Nur wenige Stunden nachdem Emil Gallo vor den Panzer trat, starben auf demselben Platz zwei Menschen. Als Pflastersteine gegen Panzer flogen und Brandfackeln geschwenkt wurden, beschossen einige T-55 die Fassade der Philosophischen Fakultät. Querschläger töteten eine junge Studentin und einen Arbeiter.

»Ich erinnere mich sehr gut an diesen Moment«, erzählt Vanco. »Ich sehe vor meinen Augen noch die entsetzten, angsterfüllten Gesichter, aber auch die ratlose Panzerbesatzung, den Soldat mit dem Maschinengewehr.«

Expropagandaoffizier Tschernow erklärt den Zwischenfall so: »Stellen Sie sich vor, Sie sitzen in diesem Ofen aus Eisen – die Hitze in der Stadt war unerträglich –, doch niemand durfte aus seinem Panzer aussteigen. Manche Soldaten konnten das nicht aushalten. Die Jungs saßen da schon seit ungefähr zehn Stunden drin. Alle Luken waren dicht. Die Panzer waren von einer großen Menge junger Studenten umringt, die uns zuriefen: ›Haut ab, geht nach Hause!‹ Die Panzerbesatzungen saßen in ihren Tanks und schwiegen. Und dann näherten sich einige mit brennenden Fackeln. Daraufhin haben die Soldaten die Kanonen und Maschinengewehre nach oben gerichtet und Warnschüsse abgefeuert. Ein Querschläger, der am Universitätsgebäude abprallte, flog in die Menge und tötete die junge Studentin.«

Das erklärt manches, entschuldigt jedoch nichts.

Tschernow bekennt heute, ihn habe schon damals das schlechte Gewissen geplagt: »Besonders habe ich mich geschämt, als ich sah, wie liebevoll die Slowaken immer noch die Soldatengräber der Roten Armee aus der Zeit der Befreiung pflegten.« Die Niederschlagung des »Prager Frühlings« sei – menschlich gesehen – ein Verbrechen gewesen. Nach den Gesetzen des Kalten Krieges aber habe Moskau keine andere Wahl gehabt. Die Soldaten der Roten Armee jedenfalls hätten freilich den Befehl verweigert, wenn von oben die Weisung ergangen wäre, das Feuer auf die Bevölkerung zu eröffnen. Soweit ist es zum Glück nicht gekommen, auch wenn, so Tschernow, »einigen Panzerführern die Nerven durchgegangen« seien.

Die Kremlführung aber drohte unverhohlen mit Gewalt. Blutvergie-

ßen sei unvermeidlich, falls die Reformer nicht klein beigäben. Massiv bedrängte der Kreml die nach Moskau befohlene Prager Führung, das Moskauer Protokoll zu unterschreiben: »Wenn ihr das jetzt nicht unterschreibt, dann unterschreibt ihr es in acht Tagen. Und wenn nicht in acht Tagen, dann in vierzehn Tagen. Und wenn nicht in vierzehn Tagen, unterschreibt ihr das in einem Monat.«

Im Klartext hieß das: Aufhebung der Pressefreiheit, Einreisestopp für Westjournalisten, Rücknahme der Protestnote bei der UNO, Zurückweisung westlicher Wirtschaftshilfe, engere Anbindung an den Warschauer Pakt und den COMECON, vor allem aber die Wiederherstellung der Vormacht der KP. Das waren die Bedingungen für den schrittweisen Abzug der Sowjets.

Das Moskauer Protokoll war eine Kapitulationsurkunde und kein Kompromißpapier, wie es die Kremlpropaganda beschönigen wollte. Doch Dubček hatte keine andere Wahl; er versuchte durch eine Art Erfüllungspolitik zu retten, was kaum mehr zu retten war.

Zurückgekehrt aus Moskau, versagte ihm die Stimme, als er dem Volk, das auf den Straßen nach der »vollen Wahrheit« schrie, erklären mußte, daß ihm der Kreml den Abbruch der Reformbemühungen diktiert habe. Hilflos mutete es an, als er das Volk zu begreifen bat, daß in »unserer Treue zum Sozialismus, zu unserer Ehre und unserem Charakter die Garantie für einen Weg nach vorn liegt«.

Oben links: Alica Bielikova. Ihr Mann Laco war der Fotograf des berühmten Fotos.

Oben rechts: Er wurde damals als Propagandaoffizier nach Bratislava geschickt: Jewgenij Tschernow.

»Hier fiel ein slowakischer Patriot.« Bald sollte man ähnliche Mahnmale in vielen Städten der ČSSR finden.

Doch die Menschen begriffen statt dessen, daß es in Wahrheit einen Rückfall in die alten Zeiten, die schlechteren Zeiten, geben würde. Das Scheitern der tschechoslowakischen Reformbewegung war besiegelt, der Versuch, einen »Sozialismus mit menschlichem Antlitz« zu schaffen, gescheitert. Aus Resistenz wurde Resignation.

Ein Jahr später mußte Dubček weichen. Gustav Husák, ausgewiesen moskautreu, stand nun an der Parteispitze. Dubček wurde in die politische Verbannung geschickt: zunächst auf den Botschafterposten nach Ankara, dann in die slowakische Provinz als Arbeiter in einem Forstbetrieb.

Auch Laco Bielik traf der Bannstrahl der gewendeten Partei. Ihm geriet das Bild, das er gemacht hatte, zum Fluch.

»Mein Mann«, erzählt seine Witwe Alica, »wurde schon bald aus dem tschechoslowakischen Journalistenverband ausgestoßen, seine Bilder sprachen eine allzu deutliche Sprache. Einige Monate konnte er noch weiterarbeiten, doch dann mußte er unsere Zeitung verlassen. Von da an ging es bergab mit ihm. Mit Gelegenheitsjobs mußte er sich durchschlagen; er hat zum Beispiel Kinder bei der Einschulung fotografiert. So sah das traurige Ende seiner Laufbahn als Reporter aus.«

Laco hatte prominente Leidensgenossen, dazu zählte nicht nur Alexander Dubček. Václav Havel, im »Prager Frühling« Vorsitzender des Freien Schriftstellerverbandes, wurde erst Hilfsarbeiter in einer Brauerei, später Dauergast in staatlichen Gefängnissen.

Die Hilfe kam schließlich unverhofft, und sie kam ausgerechnet aus Moskau. Dort war ein Mann an die Macht gelangt, der Pläne und Träume hatte, die sich gar nicht so sehr von dem unterschieden, was die Reformer in Prag ersehnt hatten. Hoffnungsträger Gorbatschow machte im Mai 1987 in Prag den dortigen Machthabern unmißverständlich klar, daß auch der tschechoslowakische Sozialismus Reformen bitter nötig habe. Der Protest der Bevölkerung ließ sich nicht mehr eindämmen. Zu viele Gegner im eigenen Land hatte sich das totalitäre Regime geschaffen. Massenproteste erzwangen 1989 den Führungswechsel.

Die Männer, die seit 1968 ein vollkommen erstarrtes System am Leben erhielten, mußten jenen weichen, die schon damals die Reform an Haupt und Gliedern gefordert hatten. »Der Geist siegte über die Macht«, meinte kein Geringerer als Václav Havel, neuer Staatspräsident der inzwischen umbenannten ČSFR. So erfuhren die Männer des »Prager Frühlings« späte Genugtuung.

Aber der Triumph der Freiheit hatte seine Kehrseiten. Das Ende der Tschechoslowakei war nur noch eine Frage der Zeit. Für unseren Augenzeugen Stanislav Vanco kam der Bruch nicht überraschend: »Sehen Sie zum Beispiel dieses Foto. Immer hat es geheißen, die Szene habe sich in Prag abgespielt und der mutige Mann sei Tscheche. Selbst Alexander Dubček, der Slowake war, wurde im Ausland als Tscheche bezeichnet. Erst heute wissen die Menschen im Westen, daß es die Slowakei überhaupt gibt. Der Zerfall der Tschechoslowakei ist eine ganz natürliche Entwicklung, weil eines ihrer Völker, die Slowaken, keine Möglichkeit hatte, sich zu entfalten. So mußte dieses Volk sein Schicksal selbst in die Hand nehmen, auch wenn der Weg nicht einfach ist.«

Nicht in allen Punkten sind wir seiner Meinung, doch wir haben keinen Grund zu widersprechen. Wenn unser Foto eine Botschaft hat, dann ist es die vom Recht der Völker auf freie Selbstbestimmung.

Der Kniefall

Der Kniefall

Der 7. Dezember 1970 war ein naßkalter Tag in Warschau – für die Jahreszeit nichts Besonderes. Das Besondere an diesem Montag war allerdings, daß fünfundzwanzig Jahre nach dem Krieg zum erstenmal ein deutscher Bundeskanzler die Stadt besuchte. Eigentlich war er gekommen, um den Warschauer Vertrag über die Normalisierung der gegenseitigen Beziehungen zu unterzeichnen. Doch das Bild des Tages dokumentiert nicht den Abschluß des Vertrages, sondern ein Geschehen, das sich früh am Morgen abgespielt hatte: Bundeskanzler Willy Brandt schreitet langsam zu einer Kranzniederlegung über den weiten, rechteckigen Platz an der Zamenhofa. Aufrecht, mit der für ihn typischen versteinerten Miene und starrem Blick nähert er sich, beobachtet auch von vielen Kameras, dem Monument im Zentrum des Platzes: dem Mahnmal zum Gedenken an den Warschauer Ghettoaufstand des Jahres 1943.

Gemäß dem protokollarischen Ritual legen die Träger nun den Kranz nieder. Willy Brandt zupft die schwarz-rot-goldene Schleife wie üblich zurecht, neigt den Kopf, tritt einen Schritt zurück. Doch plötzlich folgt eine Geste, die im Protokoll nicht vorgesehen ist. Der Kanzler sinkt auf die Knie. So unerwartet, daß Augenzeugen in den hinteren Reihen an einen Schwächeanfall glauben. Über eine halbe Minute verharrt er in dieser demutsvollen Haltung, die Hände ineinandergelegt, den Kopf leicht gebeugt.

Um ihn herum das Gedränge der Journalisten, das pausenlose Klicken der Bildauslöser. Doch Brandts Miene bleibt unverändert. Mit einem leichten Schwung, ohne die Hände zu Hilfe zu nehmen, erhebt er sich, kehrt dem Denkmal den Rücken zu und geht gemessenen Schrittes zu seinen Begleitern zurück.

Jahre später erklärte Willy Brandt, was ihn zu seinem spontanen Kniefall veranlaßt hatte: »Unter der Last der jüngsten deutschen Geschichte tat ich, was Menschen tun, wenn die Worte versagen: So gedachte ich der Millionen Ermordeter.«

Wo der Bundeskanzler kniete, war während des Zweiten Weltkrieges ein Ort unendlichen Leids: das Warschauer Ghetto, neben Auschwitz *das* Sinnbild des Holocaust. Hier hatten Hitlers Schergen Hunderttausende polnischer Juden eingesperrt, um sie zur Ermordung in die Vernichtungslager zu deportieren. Im kalten, zynischen Verwaltungsdeutsch berichtete der SS- und Polizeiführer Jürgen Stroop an seine vorgesetzte Dienststelle über diesen Ort des Schreckens: »Von der Abteilung Gesundheitswesen wurde die Errichtung eines jüdischen Wohnbezirks im Interesse der Erhaltung der Gesundheit der deutschen Truppen und auch der Bevölkerung als besonders dringlich dargestellt.« Das jüdische Wohnghetto sollte ursprünglich in der Warschauer Vorstadt Praga entstehen. Das hätte die Umsiedlung von mehr als einer halben Million Menschen bedeutet. Doch der Zeitplan der Vernichtungsstrategen drängte: So wählte man bezeichnenderweise das Seuchensperrgebiet der Stadt aus.

Im November 1940 entstand in Warschau das größte Zwangsghetto Polens unter nationalsozialistischer Herrschaft. Bis zu vierhunderttausend Menschen vegetierten hier auf engstem Raum unter katastrophalen sanitären Bedingungen. Eine Überlebende erzählte später über die Zustände im Ghetto: »Es gab Typhus, Leichen lagen auf den Straßen, zugedeckt mit Zeitungen oder auch nicht. Das schlimmste war, daß die Deutschen das Ghetto ständig verkleinerten. Außerdem brachten sie sehr viele Leute von außerhalb Warschaus herein. Diese Leute hatten nichts. Kein Essen. Keine Wohnung. Es gab Hunger und Dreck. Man pferchte sie ein. Alles wurde mit Brettern zugenagelt, damit die Juden nicht rauskamen. Ich hörte nur die Schreie ...«

Das Warschauer Ghetto war de facto ein Durchgangslager auf dem Weg in den Tod. Im Sommer 1942 begannen die systematischen Deportationen im Rahmen der sogenannten »Großen Aktion«: »Man eröffnete uns, daß mit gewissen Ausnahmen die Juden ohne Unterschied des Geschlechts und des Alters in den Osten ausgesiedelt werden sollten. Bis heute nachmittag um 4 Uhr müssen 6000 Menschen bereitgestellt werden. Und so (mindestens) wird es jeden Tag sein«, schrieb der Vorsitzende des Warschauer Judenrats, Adam Czerniaków, im Juli 1942 in sein Tagebuch. Czerniaków litt unter seiner Funktion im Juden- oder Ältestenrat. Als die berüchtigte »Große Aktion« anlief, nahm er sich das Leben. So wie er standen auch die anderen Träger der jüdischen Selbstverwaltung im Zwiespalt zwischen Anpassung und Auflehnung. Alle waren sie strenggenommen Erfüllungsgehilfen von SS und Gestapo. Einige Ratsmitglieder ergaben sich in ihr Schicksal, um wenigstens sich selbst und das Leben ihrer Familien zu retten, andere hofften, durch Kooperation ihre Lage verbessern zu können. Beides war jedoch vergeblich. Die Vernichtungsmaschinerie konnte niemand aufhalten. Ihre ersten Opfer waren die Menschen aus den Sammelunterkünften: Arme, Kranke, Waisenkinder.

Rund dreißigtausend Juden wurden im Sommer 1942 in das Vernichtungslager Treblinka transportiert. Vielen war ihr Schicksal vorher bekannt. Die Notizen eines Ghettobewohners bezeugen dies. Doch nur

Im Wartesaal des Todes: Kinder im Warschauer Ghetto.

wenige Außenstehende schenkten Berichten wie diesem Glauben: »Die schrecklichen Ereignisse nehmen ihren Fortgang«, notierte Abram Lewin am 28. August 1942 in sein Tagebuch. »Man erzählt, daß gestern abend eine Gruppe Arbeiter von dem Oschmann-›Shop‹ [einer der im Ghetto gelegenen Wehrmachtsbetriebe] zurückkehrte. Die SS-Männer teilten diese Gruppe in zwei Teile: Den einen erlaubten sie, ihren Weg fortzusetzen, die anderen trieben sie schnurstracks auf den Umschlagplatz. Die Kinder, die sie gefangengenommen hatten, konnten nicht gerettet werden. Sie kamen um. Heute hatten wir noch ein Gespräch mit David Nowodworski, der aus Treblinka zurückgekehrt war. [...] Seine Worte bestätigten noch einmal, was wir schon vorher wußten, und stellten unbezweifelt fest, daß die Leute aus allen Transporten vernichtet worden waren und kein Mensch sie retten konnte.«

Etwa siebzigtausend Juden blieben nach der »Großen Aktion« im Ghetto zurück. Im Februar 1943 fiel für die meisten von ihnen das Todesurteil. Reichsführer SS Heinrich Himmler hatte den Befehl erlassen, das Warschauer Ghetto abzureißen. Achthundertfünfzig SS-Männer und sechzehn Offiziere mit Panzerbedeckung sowie zwei Schützenpanzerwagen drangen im Morgengrauen des 19. April in das Ghettogebiet vor. Doch Granaten und Molotowcocktails hagelten auf sie nieder. Kleine Kampfgruppen der verbliebenen Ghettobewohner verteidigten sich todesmutig mit Waffen aus dem polnischen Untergrund oder mit

selbstgebastelten Kampfmitteln und konnten damit immerhin die ersten SS-Kommandos zurückschlagen. Doch der Erfolg war nur von kurzer Dauer. Sie standen auf verlorenem Posten: ohne Nachschub und nur dürftig ausgerüstet gegen einen Angreifer, der kein Mittel scheute.

Systematisch sprengten die eindringenden SS-Einheiten die zur Verteidigung ausgebauten Kellerverstecke und brannten mit Flammenwerfern die Häuser aus. »Die allmächtigen Flammen taten nun das, was die Deutschen nicht schafften. Tausende von Menschen gingen zugrunde«, berichtete ein Augenzeuge. »Der Geruch brennender Körper war überall. Verkohlte Leichen lagen auf Balkonen, auf Fensterbänken, auf Treppen. Die Flammen vertrieben die Menschen aus ihren Unterkünften, zwangen sie, die vorher vorbereiteten Verstecke in Kellern und Dachböden zu verlassen. Tausende stolperten in den Höfen herum, wo sie für die Deutschen eine leichte Beute waren; die Deutschen nahmen sie gefangen oder töteten sie auf der Stelle.«

Der Widerstand der Ghettobewohner konnte nicht mehr als ein Aufbäumen sein. Zu groß war die Übermacht des Gegners. Am 16. Mai meldete der kommandierende SS-General Jürgen Stroop an seinen Vorgesetzten: »Es gibt keinen jüdischen Wohnbezirk in Warschau mehr. Mit der Sprengung der Synagoge wurde die Großaktion um 20.15 Uhr beendet. Gesamtzahl der erfaßten und nachweislich vernichteten Juden beträgt 56 065.«

Der Ort dieses Grauens ist heute unter Beton vergraben. Dabei war Warschau nur ein Wartesaal des Todes, Vorhof für die sechs Vernichtungslager auf dem Territorium Polens. »Es war eine ungewöhnliche Last, die ich auf meinen Weg nach Warschau mitnahm«, schrieb Willy Brandt fast fünfzig Jahre später, »nirgends hatte das Volk, hatten die Menschen so gelitten wie in Polen. Die maschinelle Vernichtung der polnischen Judenheit stellte eine Steigerung der Mordlust dar, die niemand für möglich gehalten hatte.«

Das Wissen um die Greueltaten, die das nationalsozialistische Regime im Namen des deutschen Volkes verübt hatte, empfand der Bundeskanzler als die schwerste Bürde seiner Reise nach Warschau. Fünfundzwanzig Jahre nach Kriegsende gab es weder einen Friedensvertrag zwischen den einstigen Kriegsgegnern, noch unterhielten die beiden Staaten diplomatische Beziehungen zueinander. Doch mit der Kanzlerschaft von Willy Brandt vollzog sich ein entscheidender Wendepunkt in der Außenpolitik der Bundesrepublik. Seine »Politik der kleinen Schritte« steckte auch im Osten neue Ziele. In seiner ersten Regierungserklärung sprach Brandt davon, Verkrampfungen zu lösen, um »über ein geregeltes Nebeneinander zu einem Miteinander zu kommen«. Die Reise nach Warschau war ein Schritt in diese Richtung.

Am 7. Dezember 1970 unterzeichneten Brandt und der polnische Ministerpräsident Cyrankiewicz einen Vertrag über die Normalisierung der beiderseitigen Beziehungen. Das Abkommen war ein Teil eines umfangreichen Vertragspaketes. Der Moskauer Vertrag – nur wenige Monate zuvor zum Abschluß gebracht – wirkte wie ein Startsignal für eine ganze Reihe von Vereinbarungen mit den Nachbarn im Osten von Warschau bis Prag.

Die Unterschrift des Bundeskanzlers in Warschau besiegelte die politische Anerkennung der Oder-Neiße-Linie als polnische Westgrenze. Doch noch bevor Brandt am Morgen des 7. Dezember im Palais Radziwill seinen Namen unter das Dokument setzte, hatte er schon Geschichte geschrieben. Das Bild des knienden Kanzlers vor dem Mahnmal des Warschauer Ghettos ging um die Welt.

»Was da geschehen ist, ist eine ganz spontane Sache gewesen«, sagte uns Henri Nannen Jahre später in einem Interview. Nannen hatte als Chefredakteur des *Stern* Brandt im Journalistentroß nach Warschau begleitet und die Szene unmittelbar miterlebt: »Ich bin sicher, Brandt hat zwei Stunden vorher nicht gewußt, daß er das tun würde. Der hat sich nicht hingekniet. Es hat ihn einfach hingekniet.«

Eine Geste der Versöhnung? Wohl eher eine ganz persönliche Vergangenheitsbewältigung. Als Brandt an jenem regnerischen Wintermorgen losfuhr, wußte er noch nicht, was geschehen würde, aber er wußte wohl, daß hier protokollarische Routine nicht ausreichte. »Ich fühlte, daß es vor

diesem Mahnmal für Millionen von Opfern nicht genügen würde, nur

einfach den Kopf zu neigen.« Seine Geste ergriff und verblüffte die Menschen, auch auf polnischer Seite.

Marek Edelman gehörte zu den Widerstandskämpfern an der Spitze des Warschauer Ghettoaufstandes. Er hat ihn als einer der wenigen überlebt. Von Brandts Kniefall war er überwältigt: »Das war eine große Sache, sowohl politisch als auch gefühlsmäßig von gewaltiger Kraft. Damit haben auf der moralischen Ebene die Deutschen den Opfern die Ehre erwiesen: Die Deutschen, die gemordet hatten, knieten vor ihren Opfern.«

Brandt bat im Namen seines Volkes um Vergebung für die Taten eines Regimes, unter dessen Herrschaft er selbst gelitten hatte. Vertrieben und ausgebürgert, hatte er 1943 von seinem Stockholmer Exil aus die Vorgänge im Warschauer Ghetto nur aus der Ferne mitverfolgt. Ein kluger Beobachter kommentierte deshalb Brandts Geste mit den Worten: »Dann kniete er, der das nicht nötig hat, für alle, die es nötig haben, aber nicht knien – weil sie es nicht wagen oder nicht können oder nicht wagen können.« Brandt beabsichtigte nicht, künftigen Generationen Schuld aufzuladen: »Schuld ist nicht vererbbar. Aber die Schande, um die es sich hier handelt, ist auch nicht tilgbar, sie ist da, sie ist Teil unserer Geschichte. Und man muß erkennen, so etwas Schreckliches kann passieren, wenn die Macht in die Hände von Wahnsinnigen gerät.«

Willy Brandts Geste rief große Betroffenheit hervor. Die polnischen

Auftakt zur Versöhnung: Am 7. Dezember 1970 unterzeichnen Bundeskanzler Willy Brandt und der polnische Ministerpräsident Jozef Cyrankiewicz den Warschauer Vertrag.

Gastgeber reagierten zunächst mit respektvollem Schweigen. Erst am nächsten Tag versicherte Ministerpräsident Cyrankiewicz am Rand des Protokolls seine Ergriffenheit über den Kniefall. Aus der Befangenheit der Polen schloß Brandt später, »daß auch andere diesen Teil der Geschichte noch nicht verarbeitet hatten«.

In Deutschland waren die Gefühle über die Geste des Kanzlers geteilt. Ewiggestrige waren empört. Die Kommentatoren der Tagespresse hielten sich bedeckt. Der Kniefall: eine Geste der Versöhnung, Verzeihung, Vergebung. Hierin waren sich viele einig. Aber war das nicht zuviel des Guten? »Durfte Brandt knien?« fragte das Hamburger Magazin *Der Spiegel*. Eine Blitzumfrage offenbarte, daß achtundvierzig Prozent der Deutschen diese Frage verneinten und nur einundvierzig Prozent der Bundesbürger die Reaktion des Kanzlers für angemessen hielten.

Das Verhalten des Regierungschefs am Mahnmal des Warschauer Ghettoaufstandes hatte vor allem bei Vertriebenen viele Emotionen wachgerüttelt, Vertriebene, die sich darüber grämten, daß der Kanzler den Polen altes deutsches Siedlungsland ohne Gegenleistung »schenkte«. Doch »in Warschau wurde nichts verschenkt, was nicht von Hitler längst verspielt worden war«, meinte Brandt. Trotzdem bezeichnete der Vizepräsident des Bundes der Vertriebenen, Friedrich Walter, Brandts Geste als einen Akt der Demütigung: »Das Bild von dem knienden Bundeskanzler hat mich außerordentlich unangenehm berührt. Ein solcher Kniefall in einem fremden Land widerspricht allen internationalen Gepflogenheiten.«

Der erbittertste Kritiker war freilich selbst kein Vertriebener: »Als ich von dem Warschauer Kniefall Bundeskanzler Brandts erfuhr«, sagte Franz Josef Strauß kurze Zeit später Journalisten, »fragte ich mich, ob er sich der Tatsache bewußt war, daß es in den kommunistisch regierten Ländern, besonders auch in Polen, heute noch eine echte Judenverfolgung gibt.«

Das Kreuzfeuer der Kritik war provoziert durch den Vertrag, der in Warschau unterzeichnet wurde. Die politische Anerkennung der Oder-Neiße-Linie, wie sie das Potsdamer Abkommen vorschrieb, war vielen ein Dorn im Auge. Die Gegner sprachen von einem Ausverkauf Deutschlands, weil den klaren Vorgaben der Deutschen nur unbestimmte Zugeständnisse der Polen gegenüberstanden. Insbesondere die vagen Formulierungen, die die Ausreisemöglichkeiten der deutschstämmigen Bevölkerung betrafen, boten den Kritikern Angriffsflächen. Brandt selbst wertete den Vertrag nicht unbedingt als »großen Wurf«, doch immerhin als »positiven Ansatz«. Eine Ansicht, die auch das Nobelpreiskomitee in Oslo teilte, das ihn 1971 für seine Bemühungen um Entspannung im Ost-West-Konflikt mit dem Friedensnobelpreis auszeichnete.

Die Geschichte zeigt, daß die Fürsprecher Brandts recht behalten sollten. Zwanzig Jahre nach der politischen Anerkennung der Oder-

Neiße-Linie wurde – nach der Wiedervereinigung Deutschlands – auch die völkerrechtliche Anerkennung der polnischen Westgrenze möglich.

Von polnischen Aussiedlern ist heute kaum noch die Rede, wohl aber von der Situation der deutschen Minderheit in Polen. Die Themen des Warschauer Abkommens sind weiterhin gegenwärtig, doch das Vertragswerk selbst gehört ins Buch der Geschichte. Schon kurz nach der Unterzeichnung in Warschau hatte ein Journalist prophezeit: »Von dieser Geste Willy Brandts werden die Menschen noch sprechen, wenn der Vertrag mit Polen längst vergessen ist.«

Genauso ist es gekommen.

Oben links: »Die Deutschen knieten vor ihren Opfern«. Marek Edelman hat den Warschauer Ghettoaufstand überlebt.

Oben rechts: »Brandt hat sich nicht hingekniet, es hat ihn einfach hingekniet« – Augenzeuge Henri Nannen zum »Kniefall von Warschau«.

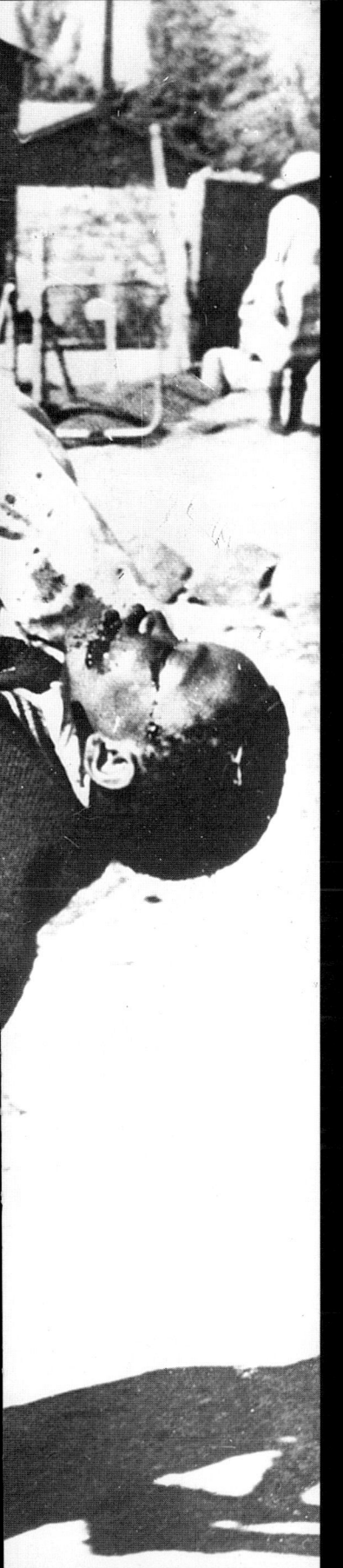

Trauer
in Soweto

Trauer in Soweto

Eigentlich ist Sam Nzima Fotograf. Doch er übt seinen Beruf nicht aus. Sam Nzima hat einmal ein Foto gemacht, das den weißen Herren des Landes nicht gefiel. Seitdem ist Sam Nzima Gemischtwarenhändler – oben an der Grenze zu Mosambik. Das Foto ist berühmt geworden. Das ist Sams Problem. Weltweit gilt es als Symbol der Stunde Null in Sam Nzimas Heimatland Südafrika, das alle seine Bürger damals in Kategorien eingeordnet hat: in solche erster, zweiter und vor allem dritter Klasse. Sam Nzima war ein Bürger dritter Klasse. Seine Hautfarbe ist schwarz.

»Ist ein Bürger ohne Bürgerrechte überhaupt ein Bürger, Sam?«

»Hier ja«, sagt Sam, »solange ich das Recht auf Gleichbehandlung noch nicht habe, es aber will, bin ich ein Bürger. Das ist meine Heimat.«

»Eine schwierige Heimat?«

Diese Frage ist für Sam zu grüblerisch, denn er ist eigentlich ein froher Mensch. Wenn er es nicht wäre, müßte er sein Los bedauern, seine freiwillige Selbstverbannung zu den Farmarbeitern im Norden des Landes.

»Wie ist es dazu gekommen, Sam?«

Wir fahren hinaus zum Friedhof von Soweto; dort beginnt Sam, seine Geschichte zu erzählen.

»Unter diesem Grabstein hier«, sagt Sam, »liegt mein Modell.«

Das klingt zwar zynisch, aber das ist nicht so gemeint. Kaum etwas weist darauf hin, daß hier ein prominenter Mensch liegt. Nur die in den schwarzen Stein gehauene geballte Faust und die eingemeißelten Gedichtzeilen (»Die Zeit ist auf der Seite der Unterdrückten, die Wahrheit ist auf der Seite der Unterdrückten. Eine Nation. Ein Volk«) deuten an, daß hier ein besonderer Toter seine letzte Ruhe gefunden hat. Hier liegt Hector Pietersen begraben.

Er war Schüler in Soweto. Als man ihn erschoß, war er gerade dreizehn Jahre alt. Das geschah am 16. Juni 1976. Mit seinen Klassenkameraden protestierte er gegen einen neuen Ukas der Regierung Vorster, dem zufolge schon ab der fünften Schulklasse der Unterricht in Afrikaans zu halten sei, der aus dem Niederländischen entstandenen Sprache der weißen burischen Minderheit.

Dagegen erhob sich der Protest der schwarzen Schüler. Nicht das internationale Englisch, sondern Afrikaans war für sie die Sprache der Weißen, der Polizei, der Paßbehörden – die Sprache des ganzen verhaßten Rassensystems. Sie nahmen nun für sich in Anspruch, was den Buren nationale Tradition war: »Als die Briten die Buren besiegt hatten«, weiß ein schwarzer Nationalist zu erzählen, »weigerten sich die Buren, Englisch zu sprechen, weil die Sprache der Eroberer im Munde der Eroberten die Sprache von Sklaven sei. Nichts anderes haben wir getan.«

Der Zwang, die Sprache ihrer Unterdrücker zu lernen und im Unterricht ausschließlich zu verwenden, war der zynische Höhepunkt einer schrittweisen Entmündigung der jungen Schwarzen, die nur das eine zum Ziel hatte: die bestmögliche Verwendbarkeit der Schwarzen zum Wohle der Weißen zu sichern. Der Architekt dieser Apartheid, Exministerpräsident Verwoerd, hatte klargemacht, daß Schwarze nicht für Berufe zu qualifizieren seien, die Weißen vorbehalten wären. Die Schwarzen sollten Sklaven bleiben.

Die schwarze Schule war demnach vor allem dazu da zu lehren, wie man dient – wenn man überhaupt eine weiterführende Schule besuchte. Auf das Minimum reduzierte Lehrpläne, schlechtausgebildete schwarze Lehrer, heruntergekommene Schulgebäude, heillos überfüllte Klassen mit fünfzig und mehr Schülern, mehrere Klassen in einem Raum, teure Lernmittel – alles war darauf ausgerichtet, Eltern wie Schülern den

Unverständnis und Trauer wirken bis heute nach: die Mutter und die Schwester des erschossenen Hector Pietersen an seinem Grab.

175

Unterricht zu verleiden. Wer eine halbwegs vernünftige Ausbildung erhalten wollte, mußte schon sehr stark sein.

Ganz anders sahen dagegen die schulischen Bedingungen für weiße Kinder aus: westeuropäischer Standard bei Lehrern, Klassenstärken und Räumen, Lernmittelfreiheit, Freizeiteinrichtungen, großzügige Sportanlagen und vor allem gute Zukunftschancen. Davon konnten schwarze südafrikanische Kinder nur träumen. Insgesamt bot die Republik Südafrika im Jahre 1976 für ein weißes Kind mit 500 Rand (rund 1400 DM) pro Jahr etwa das Zehnfache dessen auf, was in die schulische Ausbildung eines jungen Schwarzen investiert wurde.

Diese Ungerechtigkeit wurde von den schwarzen Schülern als Bestandteil der Apartheid gerade noch hingenommen; doch der Sprachenerlaß der Regierung Vorster brachte das Faß zum Überlaufen. Der Protest eskalierte in Soweto. Zunächst war er noch spöttisch. Mit Transparenten wie »Afrikaans stinkt« oder »Wenn wir Afrikaans lernen müssen, muß Vorster Zulu lernen« gingen Tausende von Schülern auf die Straße. »Alles war friedlich«, sagt Sam. »Es war ein friedlicher Marsch. Aber er endete in Gewalt, weil die Polizei auf sie schoß. Sie waren nicht vorbereitet zu kämpfen. Alles, was sie vorhatten, war, mit der Demonstration ein Memorandum gegen Afrikaans als Unterrichtssprache zu übergeben.«

Doch anstatt den Protestzug zu flankieren, ihm einen ordnenden Rahmen zu geben, stellte sich die Polizei in Schlachtordnung auf und schoß gezielt in die Demonstranten. Sie folgte den Befehlen der Regierung, die Proteste »mit äußerster Härte« zu unterdrücken. Und das erledigte sie gründlich. Wehrlose Schüler, die sich friedlich eingefunden hatten, gar nicht darauf vorbereitet waren, sich wirkungsvoll schützen oder gar wehren zu müssen, wurden tödlich überrascht. Als einige begannen, Steine zu werfen, wurden sie niedergeschossen. Selbst Fliehende wurden gezielt attackiert, sowohl vom Boden aus wie aus tief kreisenden Hubschraubern. Tränengas lag in der Luft. Polizisten veranstalteten ein regelrechtes Kesseltreiben mit Kindern, die sich in hilfloser Panik in den umliegenden Häusern versteckten. Anna Okocha, eine ältere Augenzeugin, deren Haus am Rand der Route des Protestmarsches lag, erinnert sich: »Als ich in mein Haus zurückflüchtete, kam die Polizei hinterher. Sie schlugen uns, auch meinen Sohn schlugen sie.«

Und wonach haben sie gesucht? »Sie sagten kein Wort, sie schlugen einfach drauflos und rannten von Zimmer zu Zimmer. Sie waren wie von Sinnen. Ein Junge flüchtete sich auf unsere Toilette, dem haben sie den Arm gebrochen.«

In diesem Hexenkessel nimmt ein Mädchen seinen kleinen Bruder zur Seite: »Lauf nicht weg, bleib in meiner Nähe, früher oder später werden wir nach Hause gehen können.« Die beiden rennen in der Masse ziellos mal dahin, mal dorthin. Überall Tränengas, Pulverdampf, Schreie in der

Oben:
Aufstand in
Soweto: Jugend-
liche setzen aus
Protest ein Bier-
lokal in Brand.
Links ein ausge-
brannter Bus.

Links:
Mit »äußerster
Härte« knüppelt
die Polizei den
Schüleraufstand
nieder.

Mittagshitze. Auf einmal haben sie sich verloren. Das Mädchen sieht sich um, der Kleine ist nirgends zu sehen. Da liegt ein Schuh auf der Straße, den sie kennt, sie hebt ihn auf und fragt einen Jungen: »Hector war hier, wo ist er jetzt?« Doch der Junge kann ihr nicht helfen. Da steht sie mitten im Gewimmel, um sie herum Hundegebell, Schreie, Schüsse; sie weiß nicht, was nun geschehen soll. Auf einmal sieht sie ein Knäuel von Kindern, die sich über etwas beugen. Nach Sekunden die Gewißheit: Es ist Hector. Der kleine Bruder liegt in einer Blutlache am Boden. Sie schreit: »Helft Hector!« Ein größerer Junge, sie kennt ihn nicht, hebt den Kleinen vom Boden auf und trägt ihn beiseite. »Wohin bringst du meinen Bruder?« Der Junge weint, genauso wie sie. Er schleppt den blutenden Leib die Straße hoch, die Schwester nebenher, inmitten von Schüssen und Schreien. Ein Fotograf taucht auf, macht Bilder, dann winkt er ein Auto heran. Die Frau am Steuer sagt, man solle das Kind hineinlegen, der Kleine müsse doch sofort ins Krankenhaus. Der unbekannte Junge meint: »Nein, er ist schon tot.« – Im Hospital wird nur noch der Tod von Hector Pietersen amtlich bestätigt. Seine Schwester Tiny steht unter Schock. Wochenlang ist sie nicht fähig, das Geschehene zu begreifen.

Wir treffen sie in einem kleinen Haus in Soweto. Die freundliche Frau hat mittlerweile selbst drei Kinder. Schon nach zehn Minuten zeigt sich, daß sie die Erlebnisse von damals immer noch belasten. »Ich sehe noch heute keinen Grund dafür, daß die Polizei ihre Gewehre benutzte«, erklärt sie, und Tränen schießen ihr in die Augen. »Wenn ich daran denke, fühle ich mich schlecht. Ich versuche immer wieder, nicht daran zu denken. Aber ich kann nichts dagegen tun. Wenn die Erinnerung in mir hochkommt, dann kommt sie, und ich fühle mich krank.«

Tiny Pietersen und Sam Nzima sehen sich seit dem schrecklichen Geschehen zum erstenmal. Bisher haben sie sich nur Briefe geschrieben. Ihr Wiedersehen ist herzlich, ja fast liebevoll. In Tinys Küche trinken wir Kaffee, und Sam erzählt, wie es ihm ergangen ist: »Mit einem Fahrer haben wir den Film zur Redaktion geschickt, während ich in Soweto noch beschäftigt war. Dieses Foto wurde als das eindringlichste von allen betrachtet. Es erschien auf der Titelseite der Zeitung *World*, bevor sie verboten wurde. Das Foto entstand um zehn Uhr morgens. Und um drei Uhr nachmittags sendete es die ganze Welt im Fernsehen.«

Dieses Bild wurde zum Symbol des jungen Südafrika, zum Fanal gegen die rassistische Gewalt, zum Mahnmal gegen das Verbrechen der Apartheid. Der Fotograf Sam Nzima erlebte all das nicht. Nach dem Verbot der Zeitung hörte er mit dem Fotografieren auf und ging nach Norden. Auch der unbekannte Junge auf dem Foto floh. Er lebt heute in Nigeria. Soviel Angst und soviel Haß nur durch ein Foto.

Damals, 1976, wehrten sich die Schwarzen. Gewalt wurde mit Gegengewalt beantwortet: Weiße Passanten wurden mit Steinen beworfen, Tankstellen angezündet, Geschäfte geplündert. Die Antwort der Regierung Vorster war noch eine Spur brutaler: Wasserwerfer, Tränengas, Gewehrsalven, Hunde und Hiebe mit Stöcken und Sjamboks, den Lederpeitschen. Nach über einem Monat harscher Repression und marodierender Gewalt mußte die Regierung den Spracherlaß dann doch wieder zurückziehen. Es war der erste schwarze Sieg, erkauft unter blutigen Opfern.

War das ein Trost für die Familie? »Obwohl er starb«, meint die Schwester, »fühlen wir den Schmerz nicht ganz so stark, wenn uns bewußt wird, daß er wenigstens für etwas starb, wofür wir Schwarzen kämpfen.«

Was sollte sie auch anderes sagen, die freundliche Tiny, die nichts anderes will, als ruhig zu leben in Südafrika – vielleicht schon bald mit gleichen Rechten wie die Weißen? »Ja, das hoffe ich. Es wird nicht lange dauern. Bald werden wir den ersten schwarzen Präsidenten wählen. Hoffentlich wird es kein Blutvergießen geben.« Das wird wohl leider so nicht in Erfüllung gehen.

1976 hat es 575 toter Schüler in Südafrika bedurft, um die Regierung Vorster von ihrem Vorhaben abzubringen. Doch wie heißt es auf dem Grabstein: »Die Zeit ist auf der Seite der Unterdrückten.« Erst wenn Sam Nzima ohne Angst vor Repressalien frei zu Hause leben darf, herrscht in Südafrika Gerechtigkeit.

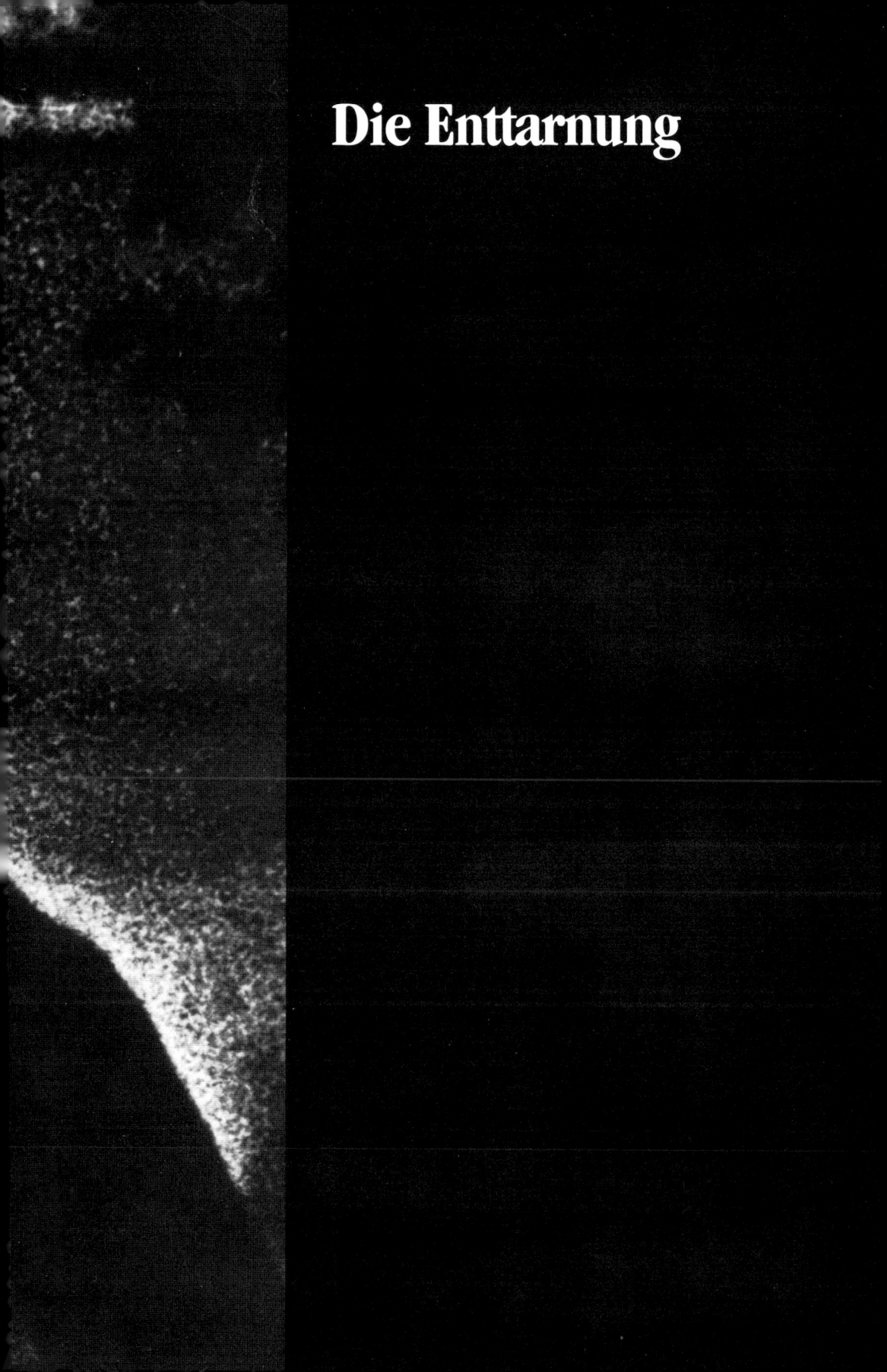

Die Enttarnung

Die Enttarnung

Am Montag morgen herrschte dicke Luft in der Ostberliner Normannenstraße. Die Nachricht schlug im riesigen Gebäudekomplex des Ministeriums für Staatssicherheit (MfS) wie eine Bombe ein: »Markus Wolf ist enttarnt.« Zwei Jahrzehnte lang war kein Foto des legendären Chefs der DDR-Spionage in den Westen gelangt. »Mann ohne Gesicht« nannte man ihn deshalb bei den westlichen Geheimdiensten respektvoll. Der geheimnisumwitterte Leiter der Hauptverwaltung Aufklärung (HVA) konnte sich jederzeit mit falschen Papieren unerkannt im Westen bewegen, ein Alptraum für seine bundesdeutschen Gegenspieler. Doch jetzt zerbrach der Mythos. Der peinliche Beleg lag an diesem 5. März 1979 millionenfach an den Kiosken der Bundesrepublik aus: Die Titelseite des Nachrichtenmagazins *Der Spiegel* präsentierte ein aktuelles Bild von Wolf.

Auf den ersten Blick bietet die unscharfe Schwarzweißaufnahme wenig Brisanz. Eine alltägliche Straßenszene im Sommer: Unter einer Linde spaziert ein sportlich-schlanker Mitfünfziger mit Sonnenbrille. Kein außergewöhnlicher Moment, schon gar keine kompromittierende Situation – und doch eine Blamage ersten Ranges für den Abgelichteten. Der hochgeschätzte Agentenchef der DDR war, ohne es zu merken, in die Fotofalle getappt, und – was mindestens genauso peinlich war – das ahnungslose MfS erfuhr erst durch die westlichen Medien von der Schlappe.

Kaum war Wolf an jenem Montag morgen in seinem Büro eingetroffen, wurde er zu Erich Mielke zitiert, dem Minister für Staatssicherheit, seinem Vorgesetzten. Beide verband seit den Anfangstagen des MfS eine tiefempfundene Feindschaft. Der Minister wartete wütend hinter seinem Schreibtisch. Was dann geschah, wissen nur Wolf und Mielke. Doch ein HVA-Insider, der zudem noch an der Enttarnung der Geheimdienstlegende beteiligt war, weiß zu berichten: »Der Mielke hat ihm den *Spiegel* auf den Tisch geknallt und ihn zur Rede gestellt.« Gemäßigt sei der Ton der Standpauke nicht gewesen, meint unser Informant: »Der hat den Wolf geröstet.« Klaus-Peter Fischer war der Mann, der General Wolf auf dem unscharfen Schwarzweißfoto identifiziert hatte. Damals, Anfang 1979, hieß er noch Werner Stiller, war Oberleutnant im Ministerium für

Staatssicherheit und soeben in die Bundesrepublik übergelaufen. Sein Verrat traf die Stasi bis ins Mark, beschädigte das Ansehen der bis dahin hochgerühmten HVA und ihres Chefs irreparabel. »Wolf hat das sehr persönlich genommen«, sagt Fischer alias Stiller rückblickend. Der Stachel saß tief. Noch nach der Wiedervereinigung und dem unrühmlichen Ende der Stasi erklärte Markus Wolf die sensationelle Enttarnung 1979 zu einer seiner bittersten Niederlagen: »Das war schlimm.«

Bei der Entstehung des folgenreichen Schnappschusses hatte der Zufall Pate gestanden. Die Geschichte der Enttarnung des »unbestritten besten Spionagechefs der Welt« *(Jerusalem Post)* könnte einem Thriller von John le Carré entnommen sein. Sie begann acht Monate vor jenem Montag morgen auf einem Dorffriedhof wenige Kilometer vor den Toren Stockholms. Das einzig Bemerkenswerte an dem abgelegenen Ort: Hier, in Mariefred, schmückt eine schlichte Grabplatte die letzte Ruhestätte Kurt

Tucholskys. Der kleine Friedhof gehört nicht gerade zu den berühmtesten Sehenswürdigkeiten in der Umgebung der schwedischen Hauptstadt. Nur selten ist er Ziel von Besuchern. So konnte sich auch die kleine Gruppe Deutscher aus Ost und West ungestört fühlen, die am 1. Juli 1978 zum Grab des von den Nazis ausgebürgerten Schriftstellers pilgerte. Nur wenige Kilometer entfernt vom hektischen Treiben der Großstadt lud der verschwiegene Friedhof zum ruhigen Spaziergang ein. Im Schatten alter Eichen plauderten die Ausflügler angeregt über Gott und die Welt. Von der nahen Ostsee wehte eine angenehme Brise.

Doch das sommerliche Idyll war trügerisch: In Sichtweite des Friedhofs lagen die Beamten der schwedischen Spionageabwehr auf der Lauer. Seit den Morgenstunden verfolgten sie die kleine Reisegruppe auf Schritt und Tritt. Ihre Aufmerksamkeit galt vor allem dem großgewachsenen Herrn mit der Sonnenbrille. Er war über Finnland mit einem DDR-Diplomatenpaß auf den Namen Dr. Kurt Werner eingereist. Für die Geheimdienstmänner ein Routinejob: Observation einer offenbar bedeutenden Persönlichkeit aus dem Ostblock.

Was die unauffälligen Observanten des Dr. Werner bisher beobachtet hatten, machte den Ostdeutschen zunehmend interessanter für sie. Sofort nach seiner Ankunft hatte sich der elegant gekleidete Gast aus Ost-Berlin mit einem den Schweden bestens bekannten Mitarbeiter der Stockholmer DDR-Botschaft getroffen: dem örtlichen Statthalter der HVA. Der Stasi-Resident hatte eigens ein luxuriöses Apartment angemietet, in dem jetzt der geheimnisvolle Dr. Werner mit einer erheblich jüngeren Begleiterin logierte. Das Paar schien den Westaufenthalt in vollen Zügen zu genießen: Gemeinsam ging man auf ausgedehnte Sightseeing-Touren, kaufte in teuren Kaufhäusern eine komplette Wohnungseinrichtung im skandinavischen Holzdesign und besuchte am Abend einen Pornoklub. Die Abwehrleute notierten staunend, daß diese DDR-Bürger offenbar nicht unter Devisenmangel litten. Man hatte also einen dicken Fisch an der Angel. Am folgenden Tag beobachteten die schwedischen Beamten interessanten Besuch in der konspirativen Wohnung des mysteriösen Doktors. Zwei Herren, die offensichtlich schon miteinander bekannt waren, klingelten und wurden von Dr. Werner freundlich begrüßt.

Die beiden waren keine Unbekannten für die Abwehrleute. Aus Pullach war vom westdeutschen Bundesnachrichtendienst (BND) um kollegiale Amtshilfe bei der Observierung des bayerischen SPD-Landtagsabgeordneten Friedrich Cremer gebeten worden. Das war nicht ungewöhnlich, denn der Geheimdienst des neutralen Schweden arbeitete häufig mit den Diensten der NATO-Staaten zusammen. Der BND wußte, daß sich Cremer seit 1974 regelmäßig mit einem DDR-Bürger namens Dr. Richter traf, der sich als Mitarbeiter des Ostberliner Aufbau-Verlags ausgab. Jetzt hatte Richter zu einem Treffen in Stockholm eingeladen und stellte Cremer dort seinem »Kollegen vom Verlag«, Dr.

Werner, vor. Die beiden Männer, die an der Tür der Stasi-Wohnung klingelten, waren Cremer und Richter. Vor Gericht sagte der Landtagsabgeordnete später aus, er habe sich in der Wohnung zwei Stunden lang angeregt mit Werner unterhalten und diesen als »sehr ruhigen und in seinen Äußerungen sehr bedachten Menschen« kennengelernt. Nach dem ausgiebigen Plausch fuhr er dann mit den »Herren vom Aufbau-Verlag« zum Grab Tucholskys. Er habe die letzte Ruhestätte des Schriftstellers »schon immer mal« besuchen wollen, erklärte Cremer später.

Nach dem Fall der Mauer am Ort seiner »Republikflucht«. Klaus-Peter Fischer alias Werner Stiller enttarnte seinen ehemaligen Chef.

Auf dem Rückweg vom Friedhof hatten die Beschatter der kleinen Ausflugsgruppe endlich freie Schußbahn für ihr Teleobjektiv. So entstand das Foto vom »Mann ohne Gesicht«, das acht Monate später in der Stasi-Zentrale für so viel Wirbel sorgen sollte. Noch aber ahnte niemand die Bedeutung des Schwarzweißfilms in der Kamera des schwedischen Agenten. Abzüge der Aufnahmen wurden nach Pullach geschickt, doch auch dort konnte kein Mensch sagen, wer dieser Dr. Werner wirklich war. Wenn Cremer tatsächlich Kontakte mit dem MfS hatte, warum traf er sich mit einem neuen Kontaktmann in aller Öffentlichkeit im neutralen Ausland? Warum arrangierten die Ostdeutschen kein sicheres Treffen, etwa an der Transitstrecke nach Berlin? War man auf einer falschen Fährte? Der BND legte das Bild des rätselhaften Dr. Werner zu den Akten – vorläufig.

Zunächst war man in Pullach nun mit einem Fall beschäftigt, der als der größte Erfolg des Westens in die deutsch-deutsche Spionagegeschichte eingehen sollte. Jahrelang war kein Einbruch in die hermetische Struktur der HVA gelungen, während Markus Wolf den Westen in Atem hielt. Spätestens seit dem spektakulären Fall des Kanzlerspions Guillaume litten seine direkten Gegenspieler, Bundesnachrichtendienst und Verfassungsschutz, unter Minderwertigkeitskomplexen. Doch 1976 schöpften die nicht gerade verwöhnten Dienste der Bundesrepublik Hoffnung. Ein Oberleutnant der HVA hatte Kontakt mit dem BND aufgenommen: der damals achtundzwanzigjährige Werner Stiller. Ein Geschenk des Himmels! Mit Stiller sprudelte endlich eine erstrangige Quelle für Informationen aus dem Reich des Markus Wolf.

Stiller arbeitete in der Abteilung XIII der HVA. Der Mann mit dem Namen aus Max Frischs berühmtem Roman war zuständig für die Ausspähung der westdeutschen Kernforschung. Über »tote Briefkästen« korrespondierte er nun mit dem BND in Pullach, meldete Namen von Stasi-Spionen im Westen und verriet Internes aus der MfS-Zentrale in der Normannenstraße. Welches Risiko er dabei als Doppelagent einging, wußte der studierte Physiker genau. Die Stasi machte mit Verrätern kurzen Prozeß. Wäre er aufgeflogen, sagt der ehemalige Agent, hätte man ihn »zum Tode verurteilt und erschossen«. Und der Fall Teske gibt ihm recht. Zwei Jahre nach Stillers Flucht wurde Werner Teske, ein ehemaliger Kollege aus der HVA, in einem Leipziger Gefängnis durch Genickschuß hingerichtet. Im Verhör hatte Teske Fluchtpläne gestanden. Stillers Befürchtungen waren also nicht aus der Luft gegriffen.

Ende 1978 geriet der Maulwurf des BND in Gefahr aufzufliegen. Stiller wurde leichtsinnig. Pannen und Fehler schlichen sich ein. In Pullach beschloß man, den Topmann aus der DDR zu schleusen. Der erste Versuch scheiterte kläglich: Falsche Ausreisepapiere, die BND-Paßfälscher für Stiller angefertigt hatten, erwiesen sich als grob fehlerhaft. Aus den braunen Augen Stillers machten die Pullacher Experten den Eintrag »Augenfarbe: Grau«. Der Fehler wäre jedem DDR-Grenzer aufgefallen, Stiller blies seine Flucht ab. Erst am 18. Januar 1979 glückte der Grenzübertritt – mit den eigenen HVA-Papieren und einem selbstausgefüllten »Dienstauftrag« – am Ostberliner Bahnhof Friedrichstraße. Fast wäre es zu spät gewesen. Erst als er längst schon Fischer hieß und der Arbeiter- und Bauernstaat das Zeitliche gesegnet hatte, erfuhr der ehemalige Doppelagent, in welcher Gefahr er damals tatsächlich geschwebt hatte. Frühere HVA-Offiziere berichteten, daß seine Festnahme bereits geplant gewesen sei. Fischer: »Die hatten mich ja eigentlich schon.« Schlamperei in der Abteilung Spionageabwehr der Stasi verzögerte die Festnahme um entscheidende zwei Tage – und rettete ihm vermutlich das Leben.

Beim BND und beim Kölner Bundesamt für Verfassungsschutz war der Überläufer hoch willkommen, besonders wegen seiner Morgengabe von rund zwanzigtausend auf Mikrofilm abgelichteten Dokumenten aus dem Hause Mielke. Eine einmalige Chance: Der geflüchtete Oberleutnant verhalf den westdeutschen Geheimdiensten in wochenlangen Gesprächen zu einem präzisen Bild der HVA. »Uns gehen die Augen über«, ließen die Vernehmer Stillers an die Presse durchsickern. Heribert Hellenbroich, damals Chef der Spionageabwehr bei den Kölner Verfassungsschützern, lobt: »Stillers Gedächtnis war phänomenal.« Stillers Enthüllungen bereiteten seinem ehemaligen Chef Markus Wolf die schwerste Schlappe seiner Karriere: Siebzehn DDR-Agenten in der Bundesrepublik konnten verhaftet werden, mindestens ebenso viele mußten sich Hals über Kopf in den Osten absetzen.

Die Vernehmungen fanden in einem streng abgeschirmten Haus des BND in der Nähe von München statt. Eines Morgens legten die Beamten ein unscharfes Schwarzweißfoto auf den Tisch – den schwedischen Schnappschuß des Dr. Kurt Werner. Mehr als ein halbes Jahr hatte die Aufnahme im Schrank des BND geschlummert. Jetzt erst platzte die Bombe. »Sie fragten mich, wer das auf dem Bild sei, und ich sagte: ›Das ist ja mein Chef‹«, erinnert sich Fischer alias Stiller an die Szene. »Das war eine Runde von fünf, sechs Leuten, und die waren erst mal baff. Sie fragten, ob ich sicher sei, und ich antwortete: ›Ja!‹ Ich war mir ganz sicher, denn ich hatte Wolf noch vor kurzem gesehen. Sogar die Körperhaltung auf dem Foto ist ganz charakteristisch für ihn.« Die

BND-Leute liefen aufgeregt zu den Telefonen in die Nachbarräume. Dr. Kurt Werner war der legendäre Markus Wolf! Stiller weiter: »Wir sind noch am gleichen Tag nach Köln zum Verfassungsschutz geflogen. Da haben sie mir dann das Bild so ungefähr alle halbe Stunde noch einmal vorgelegt mit der Frage, ob ich auch ganz sicher sei. Die hatten vorher keine Ahnung, wer auf der Aufnahme war. Sie müssen aber irgendwie gerochen haben, daß es stank.«

Die Westdeutschen konnten ihr Glück kaum fassen. Stiller hatte nicht nur Transparenz ins gigantische MfS gebracht, er hatte auch den Meisterspion Wolf enttarnt. Diese doppelte Enthüllung mußte gebührend gefeiert werden. Die Geheimdienstmänner riefen in Hamburg beim *Spiegel* an und lancierten ihre Erfolgsstory. Mit einem Schlag konnte man das eigene ramponierte Image aufpolieren. Genaue Fakten spielten jetzt nur noch eine Nebenrolle. Der BND begann, an der Legende des Falls Stiller zu stricken. Die Amtshilfe der Schweden wurde vorerst verschwiegen. Die Enttarnung des Markus Wolf sollte ein rein westdeutscher Erfolg sein. Von den Pannen im Vorfeld der Flucht Stillers in den Westen erfuhr die Presse natürlich kein Wort. Dafür feierten die bundesdeutschen Medien ausführlich diese letzte große Spionageaffäre im geteilten Deutschland. Der Überläufer selbst hat Verständnis für die Imagekampagne: »Das war nicht alles korrekt, aber die haben auch ihre Public-Relations-Leute.« Spionage findet eben nicht nur im dunkeln statt. Die Memoiren des Doppelagenten, die Stiller 1981 als Manuskript dem BND überließ, wurden ausgiebig geschönt. Sie gingen so lange durch die Hände von Pullacher Autoren, bis alle negativen Passagen über westliche Geheimdienste eliminiert waren. Erst 1986 wurde das Buch veröffentlicht.

Stiller selbst mußte von der Bildfläche verschwinden. Um ihn der Rache der Stasi zu entziehen, wurde er an die amerikanischen Kollegen vom CIA weitergereicht. Die unterzogen ihn noch einmal ausführlichen Vernehmungen und verpaßten ihm dann eine neue Identität. Unter dem Namen Klaus-Peter Fischer studierte er an der Universität von St. Louis im US-Bundesstaat Missouri Betriebswirtschaft und machte später Karriere an der Börse. Nach der Wiedervereinigung kehrte er nach Deutschland zurück – als Filialleiter eines amerikanischen Investmentunternehmens. Die CIA-Tarnung glückte. Angst habe er in den USA nicht gehabt, sagt Fischer heute: »St. Louis liegt ja mitten in Amerika, da kommen selten DDR-Bürger hin.« Doch als der Spion, der an die Wall Street ging, seine Stasi-Akte einsah, trieb es ihm noch einmal den Angstschweiß auf die Stirn. Die Kollegen von einst hatten fieberhaft nach ihm gesucht. Eine eigens eingerichtete Arbeitsgruppe unter dem Decknamen »Schakal« hatte eifrig alle Hinweise auf den Verräter gesammelt. Fischer: »Die hatten viele Tips, aber zum Glück nicht präzise genug.«

Am 30. Januar 1979, keine zwei Wochen nach Stillers Übertritt, wurde

auch Friedrich Cremer verhaftet, der Mann, der sich in Schweden mit Wolf getroffen hatte. Im Prozeß blieb der Abgeordnete bei seiner Aussage, nie geahnt zu haben, daß er mit Spionen der DDR sprach. Man habe sich über alle möglichen Themen unterhalten, von Briefmarken über Literatur bis hin zur Politik, erklärte der SPD-Politiker. Das bayerische Oberste Landesgericht schenkte dieser Version jedoch keinen Glauben und verurteilte Cremer wegen geheimdienstlicher Agententätigkeit am 16. Mai 1980 zu zweieinhalb Jahren Gefängnis. Zum Verhängnis wurde dem Politiker die Enttarnung seines Gesprächspartners Dr. Werner. Fischer: »Das Foto hat den Strick für ihn geliefert.«

In Bonn merkte man bald, daß der Fang des BND so groß nicht war. Ein geheimes Gremium auf Staatssekretärebene bewertete den Stellenwert der von Stiller enttarnten Spione als »äußerst gering«. Veröffentlicht wurde diese Erkenntnis allerdings nicht. Die Geheimdienstler sonnten sich in ihrem karrierefördernden Ruhm. Der damalige Präsident des Bundesnachrichtendienstes und Gegenspieler Wolfs hieß Klaus Kinkel. Später wurde er Justiz- und Außenminister im Kabinett Kohl. Mit dem legendären HVA-Chef von damals verbindet ihn eine Gemeinsamkeit: Beide wurden in derselben württembergischen Kleinstadt geboren: in Hechingen. Kennengelernt haben die späteren Geheimdienstler sich dort allerdings nie. 1936, als Kinkel das Licht der Welt erblickte, war Wolf schon im Moskauer Exil.

Das wiedervereinigte Deutschland stellte den Spionagechef vor Gericht. Düsseldorfer Richter verurteilten Wolf wegen Landesverrats zu sechs Jahren Haft.

189

Der Schaden, den der Fall Stiller und vor allem die Enttarnung Markus Wolf zufügten, war enorm. Wochenlang mußte der Spionagechef um seinen Posten bangen. Seinem Chef Mielke im »VEB Horch und Greif«, wie die Bevölkerung das MfS verspottete, war er ohnehin ein Dorn im Auge. Die beiden Stasi-Hierarchen paßten wie Feuer und Wasser zueinander. Zwei westliche Geheimdienstdossiers skizzierten den Unterschied: Wolf bescheinigten seine Gegner »hervorragende Intelligenz, vielseitige Bildung und gute Manieren«, Mielke dagegen den Habitus des »Müllkutschers«.

An Wolfs Arbeit hatte Mielke bis zum Fall Stiller wenig herumkritteln können. Er war neidisch auf die Erfolgsbilanz seines HVA-Chefs. Dessen Ruhm erreichte in der DDR nach dem Fall Guillaume schwindelnde Höhen. Bis ins Vorzimmer des Bundeskanzlers reichten also die Ohren des Markus Wolf. Die DDR-Propaganda feierte die HVA nach dem Motto: »Wir haben nicht nur die besseren Sportler, sondern auch die besseren Spione.« Erich Honecker prahlte vor dem Zentralkomitee der SED süffisant: »Es besteht kein Zweifel, daß wir etwas besser informiert sind.«

Doch das Privatleben Wolfs, den Freunde und Feinde nach einem Pseudonym aus frühen Journalistentagen ehrfürchtig Mischa nannten, war überhaupt nicht nach dem Geschmack des asketischen Mielke. Nach über dreißig Jahren Ehe hatte sich Wolf 1976 von seiner ersten Frau Emmi, einer Säule der sozialistischen Literaturwissenschaft, scheiden lassen. Seine zweite Frau Christa war zwanzig Jahre jünger als er. Mit ihr reiste der Geheimdienstchef im Sommer 1978 nach Schweden, zeigte ihr die Errungenschaften des Kapitalismus – unter anderem einen Sexklub. Daß der *Spiegel* auch dieses Abendvergnügen genüßlich erwähnte, war besonders peinlich. Das paßte nun ganz und gar nicht in Mielkes Bild von sozialistischer Lebensführung. »Da hat der Mielke bestimmt drauf rumgeritten«, glaubt Klaus-Peter Fischer. Rückblickend meint Wolf dazu ironisch: »Die Moralvorstellungen in den sozialistischen Staaten haben sich nicht so sehr von denen der katholischen Kirche unterschieden.«

Westreisen waren eine Spezialität des Mischa Wolf. Immer wieder traf er sich inkognito mit Spionen der HVA im Ausland zum Gedankenaustausch. Dienstlich zwingend waren diese Reisen nicht. Doch Wolf liebte das Risiko. Ein bundesdeutscher Verfassungsschützer wunderte sich nach der Enttarnung des geheimnisvollen Dr. Werner über die leichtfertige Verletzung einfachster Geheimdienstregeln. »Die wollten doch alle mal in den Westen«, vermutet Fischer. Wie oft Wolf unerkannt Ausflüge vom real existierenden Sozialismus unternahm, ist unbekannt. Akten darüber gibt es nicht mehr. Nach dem Untergang der DDR gestatteten die Bürgerrechtler des Runden Tisches der HVA als einziger Abteilung der Stasi, sich selbst abzuwickeln. Tonnen von Akten wanderten in den Reißwolf.

Markus »Mischa« Wolf paßte nie in das Klischee der sozialistischen Bonzen. Er war ein Fremdkörper in der DDR-Führung. Vieles hatte er mit seinem Vater und dem Bruder gemeinsam. Friedrich Wolf, Schriftsteller und DDR-Kulturpolitiker, war überzeugter Kommunist, verachtete aber die Apparatschiks. Seine beiden Söhne, Konrad und Markus, prägte die Jugend im sowjetischen Exil maßgeblich. Zeit seines Lebens empfand der Filmregisseur Konrad Wolf wie sein Bruder eine tiefe Zuneigung den russischen Genossen gegenüber. In der DDR-Nomenklatura fühlten sich die Wolfs schon durch ihre jüdische Herkunft fremd. Im Umgang mit SED-Funktionären verfiel Mischa Wolf leicht in schnoddrige Arroganz.

Das Foto von Stockholm läutete den Niedergang der Karriere des schillerndsten deutschen Geheimdienstlers ein. 1986 trat er aus freien Stücken zurück, auch wegen der anhaltenden Differenzen mit dem Betonkopf Mielke. Am 4. November 1989 verlor er zum zweitenmal sein Gesicht: Fünf Tage bevor die Mauer fiel, präsentierte sich der Stasi-General den Hunderttausenden auf dem Berliner Alexanderplatz als Jünger von Glasnost und Perestroika. Doch als er aufs Podium trat, pfiff ihn die wütende Masse aus. Die Illusion, Hoffnungsträger einer neuen DDR zu werden, zerplatzte. Für Wolf war es das Gefühl, »am Ort meiner Wahrheit zu stehen«.

Das wiedervereinigte Deutschland stellte den einstigen Spionagechef wegen Landesverrats und Bestechung vor Gericht. Eine heikle Aufgabe für die Richter: Ob Wolfs Tätigkeit für die DDR heute strafbar ist, gilt unter Juristen als umstritten. Der Verfassungsschützer Heribert Hellenbroich hält die Anklage gegen die Kontrahenten von einst schlicht für verfassungswidrig. Klaus-Peter Fischer hat seinen Chef von damals nicht wiedergesehen: »Der wird bei meinem Namen immer noch sehr ärgerlich, das hängt mit Sicherheit auch mit dem Foto zusammen.« Fischer hält eine Verurteilung Wolfs für falsch, »außer, er hat Blut an den Händen«.

Nach dem Fall der Mauer hatte sich der Geheimdienstchef wieder auf seine literarische Ader besonnen: Er versuchte sich als Buchautor. Schon während seiner Amtszeit war Wolf schriftstellerischen Ambitionen nachgegangen. 1975 veröffentlichte er einen Artikel über seine Arbeit als Berichterstatter bei den Nürnberger Kriegsverbrecherprozessen. Gedruckt wurde der Aufsatz in der *Weltbühne*, deren Vorgängerzeitschrift zeitweise Kurt Tucholsky während der Weimarer Republik als Chefredakteur herausgegeben hatte. Die Wolfs verehrten den linksintellektuellen Schriftsteller. Daß der »Mann ohne Gesicht« drei Jahre später seinen Nimbus ausgerechnet am Grab Tucholskys verlor, war ein ironischer Zufall.

Bildnachweis

AP: 70, 139, 172/173

Archiv für Kunst und Geschichte: 11, 48/49, 51, 65, 67 unten, 96, 99, 131 oben und unten, 137, 153, 157, 166, 167, 169

Roland Breitschuh: 33, 34, 45 rechts, 54 unten, 57, 69 oben, 128, 149 links und rechts

Dino Brugioni: 105 rechts, 107

Robert Capa: 20/21, 25, 26, 41, 42 links und rechts

dpa: 58, 61, 162/163, 189

Oliver Herrmann: 186

International News: 87

Keystone: 8/9, 67 oben, 102/103, 113, 119, 177 oben und unten

Guido Knopp: 29, 36 links und rechts, 72, 84, 85 links und rechts, 111, 132, 159 rechts, 171 links, 175, 178

Klaus Mehner: 185

Quick-Illustrierte: 180/181

George Rodger: 23

Süddeutscher Verlag: 46, 117 unten, 134/135, 140, 143 oben

Stadtarchiv Cuxhaven: 14 links und rechts, 18 links und rechts

Ullstein: 38/39, 77, 83 oben links, 88/89, 95, 122/123, 125, 127 oben und unten, 146/147, 183

UPI/Bettmann: 74/75

US Information Service: 108

Wide World: 117 oben

ZDF: 13, 17, 45 links, 54 oben, 62/63, 64, 80, 81, 83 oben rechts und unten, 92 links und rechts, 93, 105 links, 129, 143 unten, 151, 159 links, 171 rechts

aus: »Der Zweite Weltkrieg im Bild« II, Burda-Verlag Offenburg 1961: 52

aus: Erich Bertleff, »Mit bloßen Händen«, Verlag Fritz Molden, Wien – München – Zürich: 156, 160